OMAR

DU MÊME AUTEUR

La fuite en Pologne, roman, Grasset.
La blessure de Georges Aslo, roman, Grasset.
Les feux du pouvoir, roman, Grasset.
Le mythomane, roman, Grasset.
Avant-guerre, roman, Grasset.
Ils ont choisi la nuit, essai, Grasset.
Le cavalier blessé, roman, Grasset.
La femme de proie, roman, Grasset
Le voleur de jeunesse, roman, Grasset.
Le goût du malheur, roman, Gallimard.

JEAN-MARIE ROUART

OMAR

LA CONSTRUCTION D'UN COUPABLE

Éditions de Fallois

PARIS

22, rue La Boétie, 75008 Paris

ISBN 2-87706-215-5

Dès la première suspension d'audience, Nekhlioudov se leva et sortit dans le couloir avec l'intention de ne plus remettre les pieds au tribunal. « Qu'ils fassent ce qu'ils veulent de ce malheureux ! Quant à moi, je ne peux plus participer à cette farce horrible et dégoûtante. »

TOLSTOÏ

1

LA JOURNÉE ORDINAIRE D'UN MAROCAIN ORDINAIRE

Dimanche 23 juin 1991. C'est une journée ordinaire qui commence ce matin-là dans la vie d'un homme ordinaire. Omar Raddad, un Marocain âgé de vingt-huit ans, beau garçon, au visage émacié, aux pommettes hautes, avec des yeux marrons, une moustache soignée, sort son vélomoteur bleu garé dans la cour du petit immeuble où il loge, dans un F2 de ce quartier populaire du Cannet, à l'angle de l'avenue de Grasse et de l'avenue des Broussailles. Il est toujours vêtu avec une certaine élégance, chemise crème, pantalon marron, chaussures de ville, même comme c'est le cas ce jour-là pour se rendre à son travail : il est jardinier. Il suit l'exemple de son père, également jardinier, qui a toujours exercé son activité dans une tenue vestimentaire impeccable. La journée est belle, chaude, ensoleillée. Il fait démarrer son vélomoteur, après s'être coiffé de son casque de protection noir. Il se retrouve dans la rue déjà encombrée : ce dimanche matin est le jour du marché. Il est 8 heures passées. Omar est en retard. Il traverse à grande vitesse l'odeur des étalages de fruits et de légumes et file vers Mougins, un petit village chic à cinq kilomètres de Cannes. Il emprunte l'avenue Franklin-Roosevelt, et continue par la R.N. 85. Il passe sous le pont de l'autoroute, puis grimpe la route pentue en zigzags.

Omar est marié. Sa femme s'appelle Latifa. Elle a vingt-cinq ans. Ils viennent d'avoir un second enfant. Depuis dix jours, pour se reposer des fatigues de son accouchement, elle est partie chez sa sœur et son beau-frère dans la banlieue de Toulon avec les deux garçons, Karim, trois ans, et le nouveau-né, Youssef. Sans doute pense-t-il à elle. Il doit la rejoindre le lendemain pour la fête de l'Aïd-el-Kébir, la fête du mouton, symbole de pardon et de paix. Peut-être pense-t-il aussi à ses difficultés financières que ne va pas arranger la naissance d'un second enfant. Il gagne 8 000 francs par mois, mais il doit débourser pour son loyer 2 200 francs. Il y songe sans doute tandis qu'il prend la direction de Mougins. A-t-il d'autres problèmes ? Des connaissances l'ont senti préoccupé ces derniers temps. Mais il n'est pas homme à se confier. C'est un garçon peu expansif, refermé sur lui-même, silencieux. Au point qu'il n'a fait aucun effort pour apprendre le français. Il n'en connaît que des bribes. Cette caractéristique ajoutée à bien d'autres fait de lui un étranger. On a l'impression qu'il regrette son pays d'origine et n'a aucune envie de s'intégrer dans celui dans lequel il vit.

Bientôt il arrive au chemin bitumé qui conduit au mas Saint-Barthélemy, propriété de Mme Francine Pascal, octogénaire aux cheveux courts, vive, dynamique, veuve d'un médecin très respecté dans la région, chez qui il travaille trois jours par semaine, le lundi, le mercredi et le samedi, et parfois le dimanche. Il est payé 55 francs de l'heure, sans compter les heures supplémentaires, ce qui représente au total 5 500 francs par mois. Il travaille également chez une voisine et amie de Mme Pascal, Ghislaine Marchal, une riche veuve : son mari, un industriel, était l'héritier du fondateur de la fameuse firme d'accessoires automobiles Marchal. Pour rejoindre sa maison, La Chamade, distante de 430 mètres, il faut quatre minutes à pied, un peu plus d'une minute à vélomoteur.

À 8 heures 15, Omar se trouve devant la grille de fer forgé du mas. Il ouvre le portillon avec sa clé et le referme. Il s'avance dans l'allée bordée de cyprès en poussant son vélomoteur. Après l'avoir garé contre un mur sous un vieil olivier, à l'ombre de la magnifique villa aux volets bleus et verts, il gagne le cabanon qu'il a construit avec son père, où est entreposé le matériel de jardinage.

Sans perdre de temps, il se dirige vers le massif dont il doit s'occuper. Il commence par creuser autour d'un muret de pierre. Le soleil monte dans le ciel, la chaleur devient plus forte. Il écarte les mouches d'un geste et au bout d'un moment s'accorde une pause pour fumer une cigarette. Il aspire la fumée tout en regardant le jardin rempli de fleurs et de buissons au-dessus duquel les abeilles et les guêpes font entendre leur bourdonnement qui se mêle au bruit des cigales et aux castagnettes des criquets. Il évalue le temps que va prendre le travail que Mme Pascal lui a demandé. Il se remet à la tâche.

Pour déterrer un plant de géraniums roses, il a besoin d'un outil. À 11 heures 30 environ, il descend au cabanon pour prendre l'outil et remarque la voiture de M. Boisson, le gendre de Francine Pascal. Au moment où il emprunte l'allée centrale qui va du parking au portail de la propriété, il aperçoit deux Arabes qui marchent sur la route et qui, sans le voir, passent devant le portail à une quarantaine de mètres de lui. Ils ont des cheveux noirs et frisés ; l'un est grand et mince, l'autre petit et trapu.

Un peu avant midi, Nicole, la gardienne qui fait également office de cuisinière, rejoint sa maison au fond du jardin après avoir préparé le déjeuner des occupants de la villa, Mme Pascal ainsi que sa fille, Arlette, et son gendre, Roland Boisson.

Quand ces derniers se mettent à table sous la terrasse ombragée, ils entendent Omar jardiner à quelques mètres d'eux. Tous les jardiniers du monde, sans doute parce qu'ils craignent toujours d'être accusés de nonchalance, ont l'habitude de travailler aussi près que possible de ceux qui les emploient, surtout quand ceux-ci sont en train de déjeuner, ce qui est le cas.

À midi, Omar, discrètement, comme d'habitude, va déjeuner. Il a décidé de rentrer chez lui. Pour ne pas attirer l'attention des chiens de la maison qui lui aboient facilement dessus, il attend d'être sorti de la propriété pour mettre son vélomoteur en marche. Il a une peur bleue des chiens, même du Yorkshire de sa patronne. Il ferme le portillon à clé et file ensuite vers Cannes. Pourquoi éprouve-t-il le besoin de rentrer chez lui pour si peu de temps ? Le plus souvent, surtout en période de ramadan, il déjeune à peine, d'un morceau de pain, assis sur un matelas au bord de la piscine avant de s'accorder un moment de sieste. Il parcourt les cinq kilomètres qui le séparent de chez lui sous un chaud soleil. En chemin, il s'arrête devant une boulangerie du Val de Mougins, « celle où il n'y a pas d'escalier ». Elle est pleine de monde ce jour de marché. Après avoir garé son vélomoteur et posé son casque noir sur le guidon, il fait la queue et achète une demi-baguette encore chaude. Il est servi par une vendeuse de taille moyenne, brune, aux lèvres rouges. Quelques instants plus tard, il arrive chez lui, avenue de Grasse. Comme d'habitude, il entre avec son vélomoteur dans la cour. Là il croise le propriétaire du magasin Casino, qui habite au même étage que lui et qui a un fils de trois ans, du même âge que le sien. Il croise une autre personne dans l'escalier. Chez lui, il se prépare un sandwich au fromage qu'il mange en regardant à la télévision l'émission « Une Famille en or » ou « Le juste prix » présentée par Patrick Roy. Il éteint le poste, se prépare du thé et le boit en écoutant une chanson arabe sur une radiocassette.

La chanson finie, il s'en va sans avoir changé de vêtements. Il descend l'escalier et reprend son vélomoteur dans la cour. Même trajet qu'à l'aller. Il s'arrête en chemin pour téléphoner à sa belle-sœur à Toulon et lui confirmer son arrivée le lendemain. Dix minutes plus tard, il est de retour au mas à 13 heures 05. Comme à l'aller, sans faire de bruit, il reprend son travail près du muret. Il passe près du bassin à poissons et plante deux arbres. Puis il balaye la terrasse en face du salon. Il ramasse les saletés et les jette dans une poubelle près du portail.

La fille de Mme Pascal, occupée à débarrasser la table du déjeuner sur la terrasse, entend le bruit de la binette. Elle s'adresse au jardinier.

— Omar, tu ne fais pas ta sieste aujourd'hui ?

— Non, Madame, je suis arrivé à 8 heures 15.

Il veut signifier ainsi qu'il récupère son retard d'un quart d'heure du matin.

Un peu plus tard, vers 14 heures - 14 heures 30, le gendre de Mme Pascal, Roland Boisson, descend de la terrasse et offre au jardinier une tartine de beurre et une glace au chocolat avec une cuillère et une serviette en papier. Celui-ci le remercie. Son comportement est semblable à celui des autres jours, respectueux mais peu expansif.

Omar poursuit son travail dans le jardin. Il tond la

pelouse sous une chaleur accablante. Ensuite il arrose le jardin. À 5 heures de l'après-midi, il regagne le cabanon équipé d'un lavabo, d'une douche et d'un W-C., range les outils et se lave les mains. Toujours pour ne pas attirer l'attention des chiens, il attend d'avoir quitté le mas pour remettre son moteur en marche. Puis il file vers Cannes.

Chez lui, il prend une douche et se change. Il déambule ensuite dans le quartier populaire où il se restaure dans une cafétéria. Un peu plus tard, il regagne son domicile. Il doit se lever tôt le lendemain pour la fête de l'Aïd-el-Kébir : il croit que le train qui doit l'emmener à Toulon chez sa belle-sœur est à 7 heures 30. En réalité il n'est qu'à 9 heures. Il s'endort sans se préoccuper outre mesure des épisodes de cette journée. Pourquoi aurait-il éprouvé le besoin de chronométrer ses allées et venues, de noter attentivement tous ses faits et gestes, la couleur des vêtements des gens qu'il a rencontrés, le nom du journal qu'ils avaient à la main ce jour-là ? Il ne l'a pas fait. Il a eu tort.

Le récit de cette journée, c'est celui qu'Omar répétera inlassablement aux gendarmes. Peut-être a-t-il caché quelque chose ? C'est ce qu'on va tenter de voir bientôt.

2

LA FÊTE DE L'AÏD-EL-KÉBIR

Au petit matin, Omar se rend à la gare de Cannes : le train pour Toulon qu'il croyait être à 7 heures 30 n'est qu'à 9 heures. Il marche sur le quai en attendant. Il allume une cigarette. Le train arrive enfin. Il s'installe dans un compartiment et le paysage commence à défiler : lotissements, immeubles, qui ont champignonnisé sur la terre rouge de l'arrière-pays. Très peu de cultures : quelques vignes encore, des champs de lavande. Soudain apparaît la mer. Il va la suivre jusqu'à Toulon.

À quoi pense-t-il ? La joie qu'il éprouve de retrouver sa femme et ses enfants, surtout le dernier qu'il a à peine vu — Youssef est né le 28 mai —, est contrariée par des ombres. Il va devoir à nouveau avoir des explications avec Latifa. Pendant son absence à la maternité, il a retiré de la Caisse d'Épargne un million de centimes, toutes leurs économies. Latifa l'a avoué à Mme Pascal, chez laquelle elle a été femme de ménage, quand elle est venue au mas lui présenter son dernier-né. Où est passé cet argent qui s'ajoute aux sommes qu'il a empruntées sous divers prétextes à ses employeurs, Mme Pascal et Mme Marchal ? Il ne veut pas le dire. Peut-être Latifa a-t-elle une idée ? Cet épisode a peut-être joué un rôle dans le départ de Latifa chez sa sœur. En réalité, Omar aime jouer avec les machines à sous de Cannes. Il perd souvent, parfois il gagne. Est-ce assez pour dire que le démon du jeu l'habite ? Au départ simple distraction, qui lui donnait l'illusion de devenir riche, le jeu est devenu une passion. Peut-être a-t-il d'autres problèmes ? Le gendre de Mme Pascal, M. Boisson, qui trouvait que le comportement d'Omar avait changé, a essayé d'en savoir plus : « Regarde-moi dans les yeux, Omar, et dis-moi la vérité. Tu sens la peur, tu as peur, mais de qui ? Tu es rackətté ? » Omar n'a pas répondu.

Bientôt apparaît la gare de Toulon. Omar voit son beau-frère venu le chercher. Ils s'embrassent et se dirigent vers la banlieue de Toulon. Il retrouve Latifa, ses deux enfants. Avec son beau-frère, et leurs enfants, mais sans sa belle-mère hospitalisée à Toulon, ils vont fêter l'Aïd-el-Kébir, la fête du mouton et du pardon.

Sans doute Latifa a-t-elle profité de l'occasion pour pardonner la dilapidation du million de centimes. Même si elle en garde un sentiment désagréable. Évidemment Omar aggrave son cas : il est arrivé sans un sou. En partant de Cannes, il avait huit cents francs sur lui. Après avoir acheté son billet de train, cent francs, il a égaré le reste de la somme. Latifa, qui n'ignore pas la passion que son mari éprouve pour les machines à sous, n'est pas dupe. Sans doute y a-t-il entre eux une petite scène, à moins que la fête de l'Aïd-el-Kébir ne l'incite une fois encore au pardon. Après tout, c'est le seul défaut de son mari. Pour le reste, elle n'a qu'à se louer de lui. Ensuite on parle. On passe une nuit un peu entassés dans l'appartement. Réveil à l'aube pour le biberon du petit dernier. Une nouvelle journée commence de manière paisible et habituelle.

Omar prend le frais sur le balcon. Des voitures de

gendarmerie tournent dans le quartier. Pendant vingt minutes, il les observe qui errent à la recherche de quelque chose. Puis il voit deux gendarmes entrer dans l'immeuble. Bientôt ils sonnent à la porte. Ils arrêtent Omar qui, menottes aux poignets, est conduit en voiture à la gendarmerie de Toulon avant d'être transféré à la gendarmerie de Cannes où se poursuivra sa garde à vue par l'adjudant Évrard. Que s'est-il passé ?

La veille, le dimanche matin 23 juin, Ghislaine Marchal se lève après une grasse matinée. Elle lit les journaux sur son lit en prenant son petit-déjeuner. Elle appelle son amie Mme de Paulis, dite Poï, à Londres. Puis celle-ci lui passe son beau-fils qui est près d'elle. La conversation dure. Quand Ghislaine Marchal raccroche, la sonnerie retentit à nouveau : c'est une amie anglaise, Erika Serin, qui habite dans la région. Elle répond : « Allô ! Erika ? Je sors de ma douche, je te rappelle. » Quelques instants plus tard, elle l'a à nouveau au téléphone : « Je vais déjeuner chez Mme Koster », puis, après avoir parlé de choses et d'autres, elle l'invite à déjeuner chez elle pour le lendemain.

Personne ne reverra Ghislaine Marchal vivante.

Elle ne se rend pas au déjeuner de Mme Koster qui ne s'inquiète pas outre mesure et met cette absence sur le compte de l'étourderie.

Le lendemain, lundi, à 11 heures, Erika se présente devant le portail de La Chamade. Elle klaxonne plusieurs fois. Le portail que la propriétaire peut ouvrir par télécommande de sa chambre ne s'ouvre pas. À travers les barreaux, elle distingue que les volets de la salle de bains sont ouverts. Inquiète, elle rentre chez elle et téléphone à plusieurs reprises chez son amie. Pas de réponse. Elle téléphone à Mme Pascal, voisine et amie de Ghislaine

Marchal, dont la propriété est à cinq cents mètres de La Chamade. Mme Pascal apprend à Erika l'absence de son amie la veille au déjeuner de Mme Koster : cette dernière l'a appelée sans succès à 12 heures 45. Les deux femmes pensent d'abord à un malaise. Francine Pascal téléphone au médecin de Mme Marchal, le docteur Delmotte, puis à la société de gardiennage A.G.M. La société dépêche aussitôt un de ses gardiens. Il constate que le système d'alarme n'est pas branché. L'homme et les deux femmes entrent dans la propriété, puis dans la maison. La chambre de Ghislaine Marchal ne présente aucun désordre : sur le lit, un sac à main ouvert, des lunettes, un chéquier, un carnet d'adresses. Aucune trace apparente de vol, mais l'absence de Ghislaine Marchal paraît suspecte. Ils décident d'appeler la gendarmerie de Mougins, puis Christian Veilleux, son fils d'un premier mariage. La brigade de gendarmerie arrive rapidement sur les lieux. Les gendarmes Jean-Louis Teulière et Martial Liedkte procèdent à une inspection systématique de la maison. Dans la cuisine, ils trouvent les clés des dépendances et, dans une boîte à cigares du salon, la clé de la cave. Quand ils tentent d'ouvrir la porte de la cave, verrouillée à double tour, celle-ci leur résiste. Elle s'entrebâille, laissant assez de place pour pouvoir passer la main. Le gendarme aperçoit des traces de sang sur l'interrupteur électrique, aussi utilise-t-il la clé pour appuyer sur le bouton et allumer l'électricité. Ils poussent la porte qui leur résiste. En passant le bras, un gendarme s'aperçoit que c'est un lit de camp plié qui fait obstacle. Il le soulève et l'écarte. La porte résiste encore à moitié, bloquée, semble-t-il, par une barre de fer. Le gendarme fait valser la barre de fer d'un coup de pied pour ne pas y laisser d'empreintes. Ils aperçoivent alors le corps de Ghislaine Marchal au pied de la porte de la chaufferie.

Le corps de Ghislaine Marchal, seulement vêtue d'un peignoir blanc à damiers noirs retroussé au-dessus des reins, porte les traces d'une dizaine de coups de couteau assenés de manière violente à l'abdomen, à la poitrine, à la gorge sans atteindre cependant la carotide ; un doigt est presque sectionné. Une curieuse blessure barre sa cuisse, d'où du sang s'est écoulé perpendiculairement au sol, ce qui indique que la victime était dans la position couchée quand elle a reçu cette blessure. Plusieurs hématomes, et le bridge dentaire arraché, montrent qu'elle a reçu sur la tête plusieurs coups d'un chevron, sorte de court madrier en bois, que l'on retrouve dans la pièce. Sur la porte d'entrée, une inscription à un mètre du sol qui semble avoir été écrite avec son sang « OMAR M'A TUER » (faute d'orthographe qui ouvrira la voie à toutes les conjectures) et, sur la porte de la chaufferie, au pied de laquelle elle gît, une autre, à une trentaine de centimètres du sol, « OMAR M'A T ».

On procède aux investigations d'usage. Un médecin légiste, le docteur Page, fait les premières constatations. Il quitte La Chamade à 22 heures avec les gendarmes, et M. Montfort, du Parquet. Ils négligent de poser les scellés. On ne cherche pas s'il manque des objets dans la maison. Par exemple, on ne pense pas à le demander à la femme de chambre, Liliane Receveau. Or celle-ci aurait pu dire qu'il manque en effet diverses choses : des appareils vidéo, des objets en étain. C'est dommage de ne pas avoir posé ces questions. On voit mal Omar emportant ces objets sur son vélomoteur. On va s'intéresser en revanche à une magnifique bague en diamant en forme de poire qui a disparu. On retrouvera le bijou quelques jours plus tard dans un secrétaire et on la remettra au fils de la victime, Christian Veilleux. Ce qu'on ignore aussi, c'est que Mme Marchal avait un double de sa bague en fausses pierres. Laquelle a-t-on retrouvée ?

Pendant ce temps, d'autres gendarmes s'affairent. Probablement grâce aux renseignements donnés par Francine Pascal, qui sait que son jardinier est à Toulon, dans sa belle-famille, on n'a aucun mal à retrouver le principal suspect : Omar.

3

UNE VEUVE RICHE ET SECRÈTE

Ghislaine Marchal, veuve de l'industriel Jean-Pierre Marchal, est ce qu'on appelle une belle femme. Elle a soixante-cinq ans, mais en paraît dix de moins. Blonde, de beaux yeux bleus, soignée, sportive — elle vient de donner son action au club de golf de Mougins à son fils Christian —, elle a cette allure faite d'assurance, de vernis mondain et d'usages, autant de signes qui révèlent son appartenance à la caste des grands bourgeois de Mougins. Elle est cassante, moins avec le petit personnel, notamment les Marocains qu'elle a à son service, avec lesquels elle entretient des relations plutôt affectueuses, qu'avec les gens de son rang social. On la respecte, on ne l'aime pas. Elle a l'arrogance que donne parfois l'argent, cette morgue que se croient parfois obligés de prendre les gens riches ou la petite noblesse récente. Le portrait que brosse son entourage est celui d'une grande égoïste au comportement lunatique. Du côté de la famille de son mari, on ne l'aime guère : on ira jusqu'à la surnommer « Cruella », du nom de l'héroïne des *Cent un dalmatiens*. Il faut dire que, dans son appropriation des biens de son riche époux, elle montre un certain appétit : elle fera tout pour faire céder un mari faible, conscient d'ailleurs de sa faiblesse et qui, s'il trouvera le courage de la quitter et de prendre une maîtresse, une charmante Allemande, Ingrid, qui habite, elle aussi, la région de Cannes, n'ira pas jusqu'à divorcer, craignant de retomber sous le joug d'une nouvelle femme. On dit Ghislaine Marchal assez pingre. C'est ainsi qu'avec une fortune considérable, elle n'emploie qu'une femme de ménage, Liliane Receveau, plusieurs fois par semaine, et n'a pas jugé utile d'avoir un gardien, comme sa voisine Mme Pascal. Elle a préféré investir dans un système d'alarme très sophistiqué : la société A.G.M., qui l'a installé, l'a également muni pour plus de sécurité d'un bip d'agression, dit « bouton panique », qui permet de prévenir la société en cas d'urgence. Elle a aussi un jardinier, Omar Raddad, qui vient s'occuper du jardin trois fois par semaine. Elle a autrefois employé son oncle, Mimoun, qu'elle traitera bien, et même avec des témoignages d'affection qui surprennent chez cette femme qu'on dit sans cœur.

Omar et sa femme ont d'ailleurs habité son mas, La Chamade, dans un studio au-dessus du garage, quelque temps avant que Latifa ne soit enceinte. Ghislaine Marchal a pris prétexte de la piscine et du danger qu'elle présentait pour un jeune enfant pour leur demander de déménager. Mais peut-être que la perspective de voir des enfants brailler dans le jardin et piétiner ses parterres de fleurs ne la réjouissait pas outre mesure. De plus, elle n'aime pas qu'on en sache trop sur sa vie privée. Elle a toujours eu un faible pour Omar : elle le trouve « beau et fin » ; elle apprécie aussi qu'il soit secret et silencieux. Cela dit, leurs relations ont toujours été sans la moindre ambiguïté. Autant du moins qu'a pu le montrer l'enquête : mais quelle confiance faire à une enquête aussi lacunaire ? Elle n'a rien, semble-t-il, d'une Lady Chatterley. Ses rapports avec la domesticité n'ont cependant pas toujours été sidylliques. Elle a eu plusieurs scènes orageuses avec d'autres employés, presque toujours pour des questions d'argent ou de retard. L'un d'eux, un cuisinier africain, a même quitté sa place en proférant des menaces. « Elle avait le don de pousser les gens à bout », dira une de ses amies. Ces petits défauts de Ghislaine Marchal sont sans grande importance. Elle a un grand privilège qu'elle a conquis : elle est très riche.

Son argent, elle le doit à son mari, Jean-Pierre Marchal, héritier avec son frère, Claude, du grand industriel Pierre Marchal, qui, avec son entreprise d'accessoires automobiles, les phares notamment, est à l'origine de la fortune de la famille. Cet empire avait pour symbole un chat, un chat dont les yeux jaunes projetaient des lumières avec pour devise *Je ne prête mes yeux qu'à Marchal.* Ami de l'aviateur Louis Blériot, du constructeur automobile Louis Renault, et de Paul Panhard, Pierre Marchal a été un des grands industriels du siècle. Après avoir fondé avant la Première Guerre une compagnie aérienne, qui assurera le succès de Blériot, il monte à Pantin une industrie d'équipement électrique automobile, qui ne fabrique pas seulement des phares mais aussi des bobines, des dynamos, des essuie-glace, etc. Les débuts des 24 Heures du Mans vont assurer le succès des phares Marchal. Puis il lance la bougie Marchal. Après avoir assis son empire industriel après la Libération, ce novateur s'éteignait à 86 ans en 1964, dans sa villa de Deauville, L'Albatros, où il passait tous les étés avec ses enfants.

C'est à Deauville que se rencontreront Jean-Pierre Marchal et celle qui deviendra sa future épouse, après son divorce, Ghislaine Veilleux, née de Renty. Elle est mariée à Jacques Veilleux, un des amis d'enfance de son futur mari, qui sera le parrain de leur fils, avant de devenir son beau-père. Jean-Pierre Marchal et Christiane de Renty se marieront en 1965 et se sépareront vers 1977. Jean-Pierre Marchal mourra en 1983 d'une crise cardiaque au cours d'un tournoi de golf aux États-Unis. Propriétaire de plusieurs maisons, un appartement rue du docteur Blanche à Paris, une propriété en Suisse, dans le canton de Vaud, Ghislaine Marchal a fait construire ce mas avec une piscine à flanc de colline au milieu des pins, des chênes verts et des cyprès, qu'elle a appelé « La Chamade » à cause du livre de Françoise Sagan. La maison, arrangée avec goût, est meublée avec un mobilier Louis XV qui provient de son appartement de Paris. Le salon, où se trouvent un grand canapé bleu et une belle collection de porcelaines chinoises, ouvre sur la piscine : on voit au premier plan un grand parasol blanc, des chaises longues alignées ; au fond on aperçoit la baie de Cannes, les îles de Lérins et le vieux village de Mougins. On aperçoit aussi le cimetière où Ghislaine et son mari avaient décidé de reposer ensemble. Jean-Pierre Marchal avait acheté en 1974 une concession à perpétuité de 3 m^2 qui est restée vide. D'où la stupéfaction des amis du couple lorsqu'ils apprendront que Ghislaine Marchal a été incinérée « selon le souhait qu'elle avait toujours formulé », dira la famille. Alors, disons qu'elle avait formulé des souhaits différents... À La Chamade, les chambres des invités sont au premier étage ; la sienne aux tons pastels est au rez-de-chaussée.

Elle a connu des moments financièrement difficiles au moment de son divorce avec Jacques Veilleux. Elle sera représentante en lingerie. C'est à cette époque qu'elle tombera amoureuse d'un Grec, ami de Paul-Louis Weiller, Spiro Vassilopoulos, qui est marié. Ce sera le grand amour de sa vie.

Elle a longtemps roulé en Rolls, une Silver Shadow, jusqu'au jour où, suivie par deux voyous à moto, elle a découvert les avantages de la discrétion. Elle l'a troquée depuis un an contre une Honda Civic blanche. « Je préfère être prudente, confie-t-elle, je ne veux pas donner de mauvaises idées aux gens. » C'est avec cette Rolls qu'elle faisait elle-même ses courses au supermarché Champion, indifférente au qu'en-dira-t-on.

Elle est fille d'un industriel, Robert de Renty. Ses parents, résistants, ont été déportés. Elle a deux sœurs. L'une, Claude, s'est mariée avec le bâtonnier Bernard du Granrut — leur mère, née Germaine Guyot-Sionnest appartenait à une grande famille d'avocats. Claude du Granrut est une femme distinguée et active qui, après de brillantes études en France et aux États-Unis, fera ses premiers pas dans la presse au journal *L'Information*, puis dans différents cabinets ministériel, notamment ceux de Joseph Fontanet et d'Edgar Faure. Membre du Conseil Économique et Social, elle est maire adjoint de Senlis, et conseiller régional de Picardie. Son mari, le bâtonnier du Granrut, a fait également une carrière brillante : ancien membre du Conseil de l'Ordre, ancien secrétaire de la Conférence du stage des avocats à la cour d'appel de Paris, il a été bâtonnier de 1982 à 1983. Il est notamment l'avocat du ministère des Affaires étrangères. Il est membre de l'Automobile Club, du Maxim's Bussiness-Club. Une famille honorable et considérée.

Ghislaine Marchal a mené, elle, une vie plus marginale. Dans la meilleure société certes. Tout comme son autre sœur, Christiane, qui épousera Gilbert Beaujolin, trésorier du réseau de Résistance Alliance, fondateur du mouvement des gaullistes de gauche, P.-D.G. d'une quantité astronomique de sociétés d'équipement pour l'Afrique et de sociétés d'import-export. Très lié au monde des organisations parallèles et aux services de contre-espionnage depuis la Résistance, il a été l'ami de Roger Barberot. De mauvaises langues diront qu'il a repris les sociétés d'import-export de Foccart quand celui-ci est entré à nouveau au service de De Gaulle en 1958. Il le démentira toujours, allant jusqu'à faire des procès qu'il gagnera. On le dira aussi très lié aux collecteurs de fonds pour les partis politiques sous la IVe et la Ve République.

Tous les moyens seront bons à Ghislaine Marchal pour isoler son mari de sa famille et exercer sur lui le plus grand ascendant possible. D'un naturel plutôt faible en amour, celui-ci se laissera faire, lui abandonnant peu à peu une partie de ses biens. De l'avis général, elle le traitait assez mal, refusant de venir sur son bateau, de jouer au golf, et de participer aux activités dans lesquelles il essayait de l'entraîner.

La vie privée de Ghislaine Marchal est très discrète. Elle n'en parle pas à ses amis. Sauf à son amie Gisèle Konrad qui fera état d'une « relation sentimentale avec un Italien possédant un bateau ». Quand elle dîne à Cannes, elle ne dit pas où elle va ni avec qui. On sait qu'elle adore jouer au bridge, qu'elle ne déteste pas le whisky. Elle ne fait pas de grands frais dans les instituts de beauté et se passionne pour le bricolage. C'est une femme en apparence assez solitaire. Et ce soupirant italien qu'elle recevrait de temps à autre ! Est-ce pour cette raison qu'elle demande à ses amis de ne pas lui téléphoner, prétextant des voyages qu'elle n'effectue pas ? Des liaisons elle en a eu, notamment avec un Grec, Spiro, qui lui non plus n'était pas pauvre. Quand Jean-Pierre Marchal lui annoncera son intention de la quitter, il lui demandera d'attendre son retour des États-Unis pour effectuer le partage des meubles de La Chatterie. À son retour, la maison sera vide. Dans ses relations sentimentales, Ghislaine Marchal ne fait pas de cadeaux.

Son frère, qui a longtemps tenu un restaurant, semble l'être auquel elle a été le plus attachée. Quant à son fils Christian, elle l'a chouchouté à l'excès. Puis leurs relations se sont tendues : « Elle continuait à le traiter comme un gamin de dix ans », dira quelqu'un.

4

LES GENDARMES S'AFFAIRENT

À la gendarmerie de Cannes, on interroge Omar. On lui annonce le meurtre de Ghislaine Marchal. Les gendarmes ne lui dissimulent pas qu'il est le principal suspect. Quel a été son emploi du temps ce dimanche 23 juin, jour supposé du meurtre, et plus précisément à l'heure du déjeuner ? Bien qu'Omar sache mal s'exprimer en français, on ne fait pas appel à un interprète. Le procès-verbal de l'interrogatoire montre qu'à certains moments Omar semble répéter ce que les gendarmes lui disent. Il fait tant bien que mal le récit de sa journée, le dimanche 23 juin. Il raconte ses allées et venues sur son vélomoteur entre son domicile et la propriété de Francine Pascal. Il évoque le coup de téléphone qu'il pense avoir donné, le soir, à sa femme à Toulon. Il dit avoir rencontré deux témoins de sa présence dans la cour de son immeuble à l'heure du déjeuner, dont le propriétaire du magasin Casino. « J'ai aperçu vers 12 heures 15 le gérant du supermarché Casino de mon quartier, alors que je garais mon cyclomoteur dans la cour de l'immeuble. » Le gérant, Marcel Gaye, interrogé, déclarera qu'il n'a pas remarqué Omar, mais il confirmera formellement sa propre présence inhabituelle à cet endroit précis à l'heure indiquée par le jardinier. Il précisera à l'envoyé spécial de *Libération*, Alain Léauthier : « Ce jour-là, nous sommes effectivement sortis avec ma femme et mon fils dans la matinée pour promener le chien. Je n'avais pas de montre, mais nous avons dû quitter l'immeuble vers 11 heures 45 - 11 heures 50. On est revenus vers midi. Dans le hall, nous avons croisé un ami qui habite au quatrième étage. On a papoté quelques minutes et puis, en plaisantant, je lui ai proposé de nous inviter à déjeuner. Ce qu'il a fait. Je suis donc allé prendre des victuailles dans la réserve du magasin [réserve donnant directement sur la cour]. Après, j'ai rejoint tout le monde chez notre ami, il devait être entre 12 heures 15 - 12 heures 25, et j'ai, c'est exact, traversé la cour. Mais je ne me souviens pas y avoir croisé Omar, ce qui ne prouve rien d'ailleurs. Des fois on ne fait pas attention à des visages familiers. » En principe, ce seul témoignage devrait suffire à donner un alibi à Omar. Comment aurait-il pu connaître l'emploi du temps du gérant du Casino s'il ne l'avait pas aperçu ce jour-là ? Donc il faut bien admettre qu'il est rentré chez lui. Et alors de combien de temps aurait-il disposé pour commettre le crime dont on l'accuse ? Calculons. Entre 12 heures 15 - 12 heures 25 et 13 heures 05, heure où la fille de Francine Pascal l'entend jardiner, il n'a en tout et pour tout au maximum que vingt à vingt-cinq minutes pour tuer Mme Marchal, car il faut décompter les vingt minutes nécessaires pour l'aller et le retour à vélomoteur, le coup de téléphone à sa femme de quatre minutes. Un journaliste de *Paris-Match*, Arnaud de Sercey, effectuera le trajet sur un vélomoteur semblable à celui d'Omar, un Ciao. Son chronométrage très précis donne un trou possible de trente-huit minutes dans l'hypothèse où Omar n'aurait rien fait de ce qu'il affirme — boulangère, arrêt chez lui. Dans le cas contraire, il reste un trou de seulement vingt-cinq minutes. C'est vraiment court pour entrer dans le scénario qu'on prépare : il demande de l'argent à sa patronne, celle-ci le lui refuse, furieux il la frappe, l'entraîne dans la cave, la torture, et part sans l'achever, lui laissant la possibilité de le dénoncer.

Omar donne, au cours de son interrogatoire, une description vague de la vendeuse brune à qui il a acheté sa demi-baguette dans la boulangerie. Celle-ci dira ne pas se souvenir de l'avoir vu, mais reconnaîtra qu'elle s'est levée ce jour-là à 4 heures du matin et a eu fort à faire avec l'affluence des clients. Quant au fait qu'il travaillait le dimanche, outre que cela n'a rien d'exceptionnel pour un musulman, Omar le justifie par son désir de passer deux jours entiers avec sa femme dans sa belle-famille à Toulon.

Il répète inlassablement aux gendarmes qu'il aimait beaucoup Mme Marchal et n'avait aucune raison de la tuer : « Elle était comme ma mère au Maroc. » Ce que confirmera son frère Mohamed : « Elle a toujours été très gentille et très bonne avec lui. Ils s'entendaient très bien. Ils n'ont jamais eu de problèmes. Mon frère n'est pas un assassin ! C'est sûrement quelqu'un qui lui en veut. »

À l'issue de sa garde à vue, le 27 juin, en dépit de ses dénégations répétées, et des très faibles charges, Omar est déféré devant le Parquet de Grasse où le juge d'instruction, Sylvaine Arfinengo, décide de l'inculper d'homicide volontaire. Elle le fait écrouer à la maison d'arrêt de Grasse. Le juge d'instruction, une jeune femme qui abandonnera bientôt le dossier pour prendre un congé de maternité, pense avoir accumulé contre lui un faisceau de présomptions suffisant. Tout d'abord, pour elle, son alibi s'est en partie effondré : Omar affirme avoir déjeuné à son domicile. Or les deux personnes qu'il dit avoir vues dans l'immeuble ne se souviennent pas de l'avoir croisé. Ce trou dans son emploi du temps correspond pour le juge à l'heure du crime. De plus, le juge pense avoir trouvé un mobile : les difficultés financières de l'inculpé. Il a emprunté de l'argent à Francine Pascal, et Ghislaine Marchal lui a refusé une avance. Omar, devant ce refus, pris d'un brusque accès de folie meurtrière, l'aurait poignardée. Enfin l'autopsie pratiquée le vendredi renforce « l'intime conviction » du juge. Cette autopsie, dont le rapport n'est encore rédigé, révélerait qu'aucun des dix coups de couteau qui ont atteint la victime n'a été mortel. Mme Marchal a succombé à ses blessures après un laps de temps qui a pu varier d'un quart d'heure à une heure. Elle a donc pu écrire elle-même avec son propre sang les inscriptions qui désignent Omar. Avant de mourir, elle aurait eu la force de pousser un lit pliant comme si elle avait voulu se protéger d'un éventuel retour de son agresseur. Ce dernier a refermé la porte à clé derrière lui afin de retarder la découverte du corps. D'après les médecins légistes, le meurtrier a utilisé un couteau de petite taille à la lame très effilée, arme que l'on n'a pas retrouvée.

Cette « intime conviction » du juge, Sylvaine Arfinengo, aurait pu être mieux étayée si celle-ci avait par exemple demandé une mesure exacte des doigts de la victime afin que l'on puisse les comparer avec les lettres tracées, une recherche d'A.D.N. sur la barre de fer et le chevron de bois, enfin un examen approfondi des inscriptions afin d'y déceler des empreintes. L'intime conviction se passait déjà des investigations les plus élémentaires. Sur ce point comme sur bien d'autres, on se montrait décidément peu curieux. Tout se passe comme si on avait déjà un coupable tout trouvé. Alors pourquoi chercher en plus des preuves ?

D'autres examens doivent être pourtant réalisés. Divers prélèvements, dit-on du côté des enquêteurs, ont été effectués dont les résultats ne seront connus que dans plusieurs semaines. Ils doivent établir si Mme Marchal était réellement en état d'écrire les messages et s'ils ont bien été écrits de sa main. Des prélèvements doivent être faits sous les ongles des doigts de la victime pour établir s'ils recèlent des débris de peinture ou de sang.

On évoque d'autres expertises, graphologiques celles-là, pour déterminer si l'écriture des inscriptions correspond bien à celle de la victime. On doit également examiner les chaussures du jardinier au microscope électronique du laboratoire de Strasbourg afin de voir si ses semelles n'ont pas conservé des particules de poussière se trouvant dans la cave, ainsi que ses vêtements afin de vérifier s'ils ne recèlent aucune trace du sang de la victime.

Entre-temps Francine Pascal qui, entendue comme témoin, est convaincue de l'innocence du jardinier, ainsi que d'autres voisins de la victime, s'est démenée pour lui trouver des avocats : Me Gastaldi lui indique Me Georges Girard, qui sera assisté ensuite par Me Gérard Baudoux, du Barreau de Nice.

Quelques jours après le crime, le 1er juillet, au cours d'une cérémonie religieuse célébrée dans la plus grande discrétion en l'église Saint-Jacques de Mougins, on rend un dernier hommage à Ghislaine Marchal. N'y assistent que la famille au grand complet et seulement quelques intimes, dont Francine Pascal.

Un peu plus tard, avec un empressement étrange étant donné les circonstances, le corps de Ghislaine Marchal est incinéré « selon un souhait qu'elle avait toujours formulé », dira la famille Pourquoi alors, répétons-le, avoir acheté un caveau de 3 m^2 au cimetière de Mougins ? Le juge d'instruction Arfinengo a signé l'accord pour l'incinération. Le rapport de l'autopsie effectuée le 28 juin par les médecins légistes Page, Macario, Menard, n'a toujours pas été rédigé. Il ne parviendra que le 21 juillet sur le bureau de la chambre criminelle. C'est aller très vite, beaucoup trop vite. Désormais le cadavre de Ghislaine Marchal ne pourra jamais plus livrer ses secrets.

5

ÇA NE TIENT PAS DEBOUT

À la maison d'arrêt de Grasse, Omar est incarcéré dans une cellule avec cinq autres détenus, dont un Maghrébin avec qui il sympathise. En musulman pratiquant, il continue de faire ses prières. Il a droit à deux heures de promenade par jour, l'une le matin, l'autre l'après-midi. Le reste du temps, dans sa cellule, il écrit : d'abord au juge Sylvaine Arfinengo pour la supplier de lui accorder l'aide d'un interprète, puis à sa femme, toujours avec l'aide d'un autre détenu, car il ne sait ni lire ni écrire. « Chère épouse Latifa, bonjour. Voilà, depuis que je suis arrêté j'ai passé pour l'interrogatoire. Ne t'inquiète pas, je lui dis toute la vérité au juge, à propos mon affaire et j'espère que le Bon Dieu est avec moi et la Vérité elle sorte tôt ou tard. Latifa je te demande me pardonner s'il y a quelque chose entre nous, pardonne-moi trois fois. » Il continue : « Je crois pas mes yeux que je suis en prison mais qu'est-ce que l'on peut faire devant notre destin et le jugement de Dieu. » Puis il lui demande des vêtements et lui donne des conseils pour obtenir un permis de visite.

Après Latifa, Abdeslam Raddad vient rendre visite à son fils à la maison d'arrêt. Il revient du Maroc, de la région de Beni-Oulichek dans la montagne où habitent encore les frères et les sœurs d'Omar. C'est un télégramme de Latifa qui l'a prévenu. Il est aussitôt revenu en France. Il est vêtu d'une chemise à carreaux et d'un jean. Le parloir est sinistre, ce lundi 19 juillet, à 14 heures 30. Les deux hommes sont séparés par une cloison en plexiglas. D'abord ils ne se parlent pas. Puis Abdeslam en arrive à la question :

— Omar, qu'est-ce que c'est que cette histoire ?

— Je te le jure, papa, je ne suis mêlé en rien à cette affaire, proteste Omar.

Le père en est convaincu. Il dira : « Je connais mon fils, et j'ai vu dans son regard qu'il ne mentait pas. Un père sent ces choses-là. » En plus des raisons affectives, de l'ancienneté des liens qu'a noués toute sa famille avec la victime, il avance pour la première fois un argument plus convaincant : « Comment peut-on accuser Omar du meurtre de Mme Marchal, alors que c'est l'une de ses deux patronnes ? Pourquoi aurait-il tué celle qui lui permettait de nourrir toute sa famille ? Non, on voit bien que ça ne tient pas debout. »

Le 21 juillet, le rapport des médecins légistes, le docteur Gérard Page, qui a procédé à la levée du corps le 24 juin, et les docteurs Jean-Jacques Macario et Jean-Marie Menard, arrive enfin sur le bureau de la chambre criminelle d'Aix. Les médecins légistes qui ont effectué l'autopsie, le 28 juin, établissent que le foie de la victime a été lésé par deux blessures « transfixiantes » des deux lobes de l'organe : en clair le foie a été embroché de part en part. Ils ne constatent pas de « tache verte sur la peau ». Ils n'ont pas trouvé trace de rapport sexuel. Dans leurs deux premiers rapports, les médecins légistes ne font pas état de l'heure de la mort. Ce n'est que dans leur troisième rapport, le 2 novembre 1991, pour répondre à une question sur l'heure approximative du décès, qu'ils écriront : « La mort remonte au 24 juin 91 entre 11 heures et 13 heures 30, car à 20 heures [écrit le docteur Page], lors de mon arrivée, j'ai constaté une rigidité complète, ce qui prouvait que le décès remontait à plus de six heures. De plus, les lividités déclives ventrales prouvaient que le cadavre n'avait pas été retourné depuis plusieurs heures. »

On a bien lu la date : 24 juin, soit le jour où Omar est dans sa belle-famille à Toulon.

Un mois et demi plus tard, le 15 décembre, sans que cela ait visiblement troublé le juge Renard, on apprend qu'il s'agit d'une regrettable « faute de frappe » : il faut lire 23 juin au lieu de 24. En réalité, c'est l'avocat d'Omar, Me Girard, qui avertira le juge d'instruction Renard de cette « anomalie » que les médecins-légistes rectifieront après un coup de téléphone du juge.

Ce rapport d'autopsie, un expert auprès des assurances-vie, le docteur Xavier Le Poivre, mandaté par Me Vergès, en fera plus tard une critique sévère peu accessible au non-spécialiste, d'où il ressort qu'un certain nombre de constatations n'ont pas été faites, notamment celles concernant les lividités, ces dépôts de sang qui apparaissent entre la troisième et la cinquième heure, et qu'on déclare fixés lorsqu'ils ne disparaissent pas à la pression ou quand on retourne le cadavre. Le médecin légiste a bien noté ces lividités sur le cadavre de Ghislaine Marchal en l'examinant dans la cave le 24 juin. Mais il n'en a plus jamais fait état jusqu'à son troisième rapport, effectué à la demande de la défense. Le docteur Le Poivre note que des éléments aussi importants que la température du corps et la température ambiante n'ont pas été notés. Mais l'expert commentera sévèrement les variations des médecins légistes sur l'heure de la mort. Il relève : « Le 15 décembre, les experts écrivent qu'il y avait une faute de frappe, et qu'il faut lire le 23 juin au lieu du 24 juin en conservant la même fourchette horaire. Ce faisant, ils remettent totalement en cause leur argumentation première. Il ne peut s'agir d'une simple faute de frappe car il y aurait eu alors également erreur de frappe sur le nombre d'heures auquel le décès remonte, car la datation du 24 juin entre 11 heures et 13 heures 30 figurant dans le rapport du 2/11/91 y est justifiée par l'affirmation des experts que le décès remontait à plus de six heures selon leurs constatations détaillées sur ce même rapport. Il s'agirait alors d'une faute de frappe de l'ensemble du paragraphe ! »

Le lundi 29 juillet, Me Georges Girard, l'un des avocats d'Omar, dépose une demande de mise en liberté provisoire. Il déclare : « J'ai attendu un mois avant de réagir, car j'estime que c'est le délai raisonnable pour obtenir des résultats d'expertise. Or je ne vois toujours rien venir. J'ai même appris que ces résultats ne seraient connus que fin août, début septembre. Il est inadmissible que l'on se réfugie derrière la période estivale pour justifier un tel retard. »

Le juge d'instruction Gatte, chargé du dossier en l'absence du juge d'instruction Sylvaine Arfinengo, en congé de maternité, dispose d'un délai de cinq jours pour répondre à la demande de l'avocat. En cas de refus, celui-ci fera appel et la chambre d'accusation aura vingt jours pour délibérer.

Le juge intérimaire rejette la demande de libération provisoire. Pourtant, l'une des affirmations importantes d'Omar, l'appel téléphonique à sa femme, est confirmé par les Télécom qui précisent que l'appel a été effectué à 12 heures 51, de la cabine 407, près de l'arrêt de bus de l'Olivet, au Cannet-Rocheville, à une centaine de mètres de son domicile. L'hypothèse du coup de téléphone « alibi » ne tient plus puisqu'Omar a déclaré aux gendarmes avoir téléphoné à sa femme le soir. C'est grâce au témoignage de cette dernière et aux vérifications des Télécom que l'on a pu dire l'heure exacte. Si Omar avait voulu se forger un alibi, il aurait au moins noté l'heure précise de ce coup de téléphone ! Ce nouvel élément rend les enquêteurs « circonspects », disent les journaux. Mais, à la même date, des rumeurs provenant du laboratoire de police scientifique laissent entendre que, si aucune trace de poussière de la chaufferie n'a pu être retrouvée sur les semelles de l'inculpé, on ne peut en revanche avoir aucune certitude sur l'auteur de l'inscription : cela peut être tout aussi bien Mme Marchal elle-même, Omar, ou un autre assassin. Il faudrait sans doute pouvoir procéder à d'autres vérifications sur le corps de la victime. Hélas le cadavre de Ghislaine Marchal est maintenant incinéré depuis un mois et dix jours.

Le 22 août, la chambre d'accusation de la cour d'appel d'Aix-en-Provence rejette également la requête de liberté provisoire réclamée par Me Georges Girard. Peut-être sa décision a-t-elle été inspirée par les conclusions d'une dernière expertise, graphologique cette fois. Dans un rapport de quelques pages parvenu sur le bureau de Jean-Paul Renard, doyen des juges d'instruction, l'expert graphologue d'Aix, Gilles Giessner, conclut qu'aucun doute n'est possible : c'est bien Mme Marchal qui a écrit avec son sang les deux messages qui accusent Omar. Avec son sang ! Le graphologue se serait-il livré à des analyses sanguines ? Non, simple déduction. Ce n'est ni la première ni la dernière. Gilles Giessner se montre catégorique : « Nos constatations sont trop liées à l'affaiblissement physiologique du scripteur pour que l'on puisse retenir l'hypothèse d'une quelconque mise en scène. » Il considère, après avoir comparé les lettres majuscules de l'inscription avec des grilles de mots croisés retrouvées chez la victime, que la lettre R est dans les deux versions « d'une forme parfaitement identique ». Pour un non-spécialiste, les deux lettres paraissent au contraire d'une graphie nettement différente.

Interrogé par *France-Soir*, le 23 août, Loïc Le Ribault, fondateur du CARME, le célèbre laboratoire de police scientifique qui a introduit en France la méthode de microanalyse, déclare notamment : « Comme les inscriptions ont été écrites en lettres de sang, on peut retrouver des empreintes. Si tel est le cas, elles ne sont pas exploitables avec les méthodes classiques. Il faut utiliser le laser. Lorsqu'il s'agit de majuscules, des empreintes apparaissent, neuf fois sur dix, en bout de lettre. »

Le magistrat Jean-Paul Renard a accepté, à la demande de Me Girard, d'ordonner une contre-expertise graphologique : « Si ce second expert parvient aux mêmes conclusions que son confrère, alors le mystère de la villa La Chamade sera pratiquement éclairci », écrit avec beaucoup d'optimisme le correspondant de *France-Soir* qui, avec la police, pense que, si Mme Marchal a bien écrit cette accusation, Omar ne peut qu'être le coupable.

Cette nouvelle contre-expertise reprend grosso modo les affirmations du premier graphologue, Gilles Giessner. D'après les experts, Ghislaine Marchal a écrit allongée, de la main droite, se soulevant sur le coude gauche « avec une volonté farouche d'écrire, bien que ne disposant plus de la mobilité nécessaire pour le faire ».

Enfin, encore en cette mi-octobre, on reçoit les résultats des expertises génétiques confiées au laboratoire strasbourgeois Codegène et qui viennent d'être communiquées à l'inculpé : pas une molécule émanant de la victime ne s'est perdue dans les habits de son présumé bourreau. On n'a pas non plus retrouvé sous les ongles de la victime la moindre trace de sang d'Omar, ni de sa chair, ni de ses poils ou de pellicules de ses cheveux. A-t-on trouvé en revanche sur ses doigts et ses ongles des traces du propre sang de la victime, ce qui prouverait qu'elle est bien l'auteur des inscriptions ? Apparemment, cette recherche-là n'a pas été demandée. Pourquoi ? C'est un des nombreux mystères du dossier.

Le 18 novembre, Omar n'en peut plus. Il commence une grève de la faim. Il est transporté à la prison-hôpital de Fresnes. Son état devient bientôt alarmant.

En cette fin de mois de décembre 1991, la culpabilité d'Omar apparaît de plus en plus incertaine. *France-Soir* titre le 19 décembre : « Omar innocenté par un rapport d'autopsie. » Puis, le 20 décembre : « Omar : les charges volent en éclats. » Et le correspondant du journal, Roger Bianchini, écrit alors : « Six mois d'enquête ont peu à peu vidé le dossier des charges qui pesaient contre lui [Omar Raddad]. Au point qu'aujourd'hui, il ne contient plus à l'encontre du jardinier que les messages accusateurs de la victime, écrits avec son propre sang. Autant dire rien. » Pourtant la chambre d'accusation de la cour d'appel d'Aix-en-Provence rejette une nouvelle demande de mise en liberté provisoire d'Omar.

6

VAGUES DE FOND

Sous les flots mollement agités de l'enquête qui piétine et de la procédure judiciaire, qu'animent ou qu'apaisent les articles de presse, on sent tout de suite, à ce moment, qu'il existe des enjeux qui dépassent cette affaire. L'opinion le comprend qui s'intéresse, puis se passionne pour ce feuilleton à rebondissements qui nourrit deux grands fantasmes collectifs : tout d'abord l'angoisse que chacun éprouve plus ou moins consciemment — avec l'espoir d'être rassuré — vis-à-vis de l'incertitude judiciaire. Cette grande machine de la justice fait peur, avec ses officiants en robe, dans ce théâtre solennel où on joue au grand jeu de la vérité. À ce décor un peu désuet, s'ajoute la caution qu'apporte le monde moderne : les experts en tous genres, du graphologue tâtonnant aux médecins légistes, du psychiatre à l'expert biologiste, auquel on a ajouté en l'occurrence le fin du fin de la haute technicité scientifique beaucoup plus efficace que le détecteur de mensonge : le très sophistiqué microscope électronique du laboratoire strasbourgeois Codegène. Hélas, ils cafouillent et n'apportent aucun fait probant. Sous l'intérêt que l'on porte à une affaire commence dans l'opinion à sourdre une inquiétude élémentaire : celle que chaque homme raisonnable ressent devant un inculpé qui clame sa bonne foi et qu'aucune charge réelle n'accuse. Chacun est troublé et ne peut s'empêcher de se dire : et si j'étais un jour à sa place ?

Second fantasme : celui qui s'exalte à l'évocation méticuleuse, indécente, de deux mondes extrêmes qui peuvent se croiser mais ne se rencontrent jamais. Sauf parfois dans un instant bref, passionnel : dans le sexe et dans le crime. Entre ces deux pôles, l'inculpé, Omar Raddad, et la victime, Ghislaine Marchal, il y a toute la société française. Ce qui les relie reste un mystère. Quel lien ont pu nouer la grande bourgeoise fortunée, héritière de la fortune Marchal, qui conduit sa Rolls, joue au golf, sort dans les garden-parties de Mougins et de Suisse, et Omar Raddad, jardinier d'origine marocaine, issu d'un petit village de l'Atlas, qui parle mal le français, habite un deux pièces dans un quartier populaire ? Pour l'instant c'est le crime. Seulement le crime atroce, barbare, qui réveille plus ou moins inconsciemment les souvenirs de la guerre d'Algérie. Instinctivement, l'esprit tient tout prêts les mobiles : l'argent, le sexe, la vengeance d'un humilié, peut-être tout à la fois.

Ces fantasmes orchestrés de manières différentes vont agir sous la procédure apparente, sous les vaguelettes que provoque la presse, comme de puissantes vagues de fond, invisibles, redoutables, irrésistibles.

Il va y avoir beaucoup de non-dits pendant trois ans. Cependant il y aura des coups de téléphone de personnages importants qui ne laissent aucune trace, des influences, des pressions de toute sorte, du « cher ami », du « cher collègue », du « je ne suis bien sûr pas raciste mais... », du « votre journal devrait être plus modéré dans la défense de Raddad », des arguments de personnes qui ne s'imaginent pas être mal intentionnées puisque leur conviction est faite et qu'elles n'agissent que dans le souci de respecter l'honorabilité d'une morte. L'honorabilité, cette grande passion bourgeoise qui dans une instruction peut se révéler dévastatrice.

L'ennui majeur, c'est la personnalité de l'accusé. C'est un très mauvais coupable. Omar a du mal à entrer dans le rôle qu'on veut lui faire jouer. Employé modèle, bon mari, bon père, un casier judiciaire vierge, un dossier de naturalisation à la préfecture de Nice sans la moindre tache. De plus sa famille, son père Abdeslam, son oncle Mimoun, ont également une excellente réputation. Ils ont servi la famille Marchal qui leur a toujours manifesté plus que de la satisfaction, de l'affection. On en a les preuves — et celles-là, elles existent. Omar Raddad c'est la figure du bon Arabe, le travailleur, qu'on oppose si facilement à l'autre, le fainéant, le chapardeur, le délinquant, l'assassin. Comment alors lui faire jouer le rôle qu'on a préparé pour lui et auquel il refuse avec tant d'obstination de se prêter ? C'est simple, on va construire un coupable.

Dès la découverte du crime et la mise en cause d'Omar, un cercle va se former. Il n'est pas constitué de professionnels de l'antiracisme, d'abonnés au *Nouvel Observateur* et à *Globe*, de militants de S.O.S.-Racisme. Non, de grands bourgeois de Mougins qui connaissent Omar et sa famille depuis longtemps. Il n'y a rien de politique dans leur engagement. L'affection, le souci de la justice les animent. Ils se regroupent autour du principal témoin, Francine Pascal, voisine et amie de la victime. Par leurs témoignages, leur action, en dépit des lettres de menace et des pressions de toutes sortes, ils vont tenter de faire éclater ce qu'ils estiment être la vérité.

Les enquêteurs les écouteront avec méfiance. Ils

seront mis sur écoute téléphonique et même gardés à vue. Ainsi Francine Pascal, veuve d'une notabilité de Cannes, le docteur Pascal, âgée de quatre-vingts ans. Cette charmante vieille dame très liée à Ghislaine Marchal s'est subitement souvenue d'un étrange coup de fil qu'elle a reçu le soir de la découverte du meurtre après le départ des gendarmes. Une voix lui disait : « Il en a fait de belles votre jardinier et elle l'a écrit avec son sang. » Or à cette heure, le crime n'était connu que des gendarmes. Mme Pascal se souviendra de ce coup de téléphone trois mois plus tard et s'en ouvrira aux gendarmes. Elle sera mise alors en garde à vue et on lui demandera : « Pourquoi défendez-vous plus l'assassin de votre amie que votre amie ? » Francine Pascal éclatera en sanglots tout en maintenant son témoignage. Elle répétera : « Mais quand même, on m'a téléphoné... » « C'est une indiscrétion de gendarme », lui rétorque-t-on.

Pourquoi cette défiance à l'égard de la gendarmerie ? Qu'ont-ils à gagner dans cette affaire, ces grands bourgeois de Mougins. Rien ! En revanche, ils ont beaucoup à perdre : leur tranquillité, un confort douillet et ensoleillé au bord de leur piscine, le ronron pacifique de cette mondanité azuréenne qui jusqu'alors suffisait à leur bonheur sans histoire. Aucun n'est animé de prurit médiatique : bien au contraire. Qui d'ailleurs dans ce milieu pourrait souhaiter une célébrité d'aussi mauvais aloi ?

Mêmes les premiers témoins que l'on pourrait dire à charge ne vont pas réussir à ternir l'image d'Omar. Ainsi Liliane Receveau, la femme de ménage de Ghislaine Marchal. Celle-ci manifeste pourtant une certaine rancœur vis-à-vis du jardinier. Y a-t-il chez cette femme un peu d'acrimonie à l'égard d'un jardinier chouchouté par sa patronne, mieux traité qu'elle, dont l'épouse,

Latifa, a occupé avant elle chez la maîtresse des lieux la même fonction que la sienne ? Qu'importe ! Que dit-elle ? Qu'Omar faisait à sa patronne des demandes d'avances sur son salaire. Elle raconte une scène à laquelle elle a assisté. Ghislaine Marchal, loin de se mettre en colère, se justifie auprès d'Omar de ne pouvoir lui avancer que 1 500 francs au lieu des 2 500 francs demandés parce qu'elle doit donner de l'argent à Liliane Receveau (Omar affirmera, lui, n'avoir reçu que 1 000 francs). En tout état de cause, on est bien loin de la femme hautaine, méprisante envers Omar, qu'on tentera de décrire. Omar lui-même reconnaîtra au cours de sa garde à vue que sa patronne pouvait être parfois tatillonne et cassante, mais seulement quand elle avait bu. Il dira que le précédent cuisinier lui avait confié que parfois elle le faisait « chier ».

Cela dit Liliane Receveau, et c'est son droit, fera des déclarations qui ne sont pas en faveur d'Omar. Ce sera toujours de manière indirecte. Elle laissera entendre que Ghislaine Marchal lui avait fait des reproches à propos d'un bijou qui avait disparu... Quand on découvrira les inscriptions, elle s'exclamera qu'elles sont tout à fait dans le style de Mme Marchal qui avait l'habitude de tout noter (ce qui tend à authentifier l'accusation de l'inscription qui désigne Omar).

Mais c'est aussi Liliane Receveau qui ouvrira la porte à un grand mystère dans l'emploi du temps de sa patronne. En effet celle-ci lui a demandé de ne pas venir pendant deux jours, prétextant un voyage qui en réalité ne pouvait avoir lieu puisque Ghislaine Marchal avait pris un engagement à déjeuner avec une voisine. Elle voulait simplement être seule. Pourquoi ? L'enquête est demeurée étrangement discrète sur ce point, comme d'ailleurs sur tous les aspects concernant sa vie privée.

Honorabilité oblige. Toujours est-il que l'on ne se livrera à aucune investigation indiscrète sur la vie privée de la victime. Aucune recherche ne sera entreprise par le juge d'instruction pour tenter de connaître le nom d'un ami italien, dira une voisine. Pas plus qu'on ne jugera nécessaire de procéder à des investigations pour connaître l'identité du propriétaire de la voiture immatriculée en Suisse stationnée devant le portail de La Chamade. Pas plus enfin qu'on ne délivrera de commission rogatoire afin d'examiner les comptes bancaires de Ghislaine Marchal, notamment en Suisse où elle était résidente. Le tact et la discrétion sont de rigueur. Ne les a-t-on pas poussés un peu loin ? D'autant plus qu'on n'a pas trouvé la raison pour laquelle Ghislaine Marchal désirait demeurer sans témoin chez elle pendant trois jours. Désir légitime de recevoir un ami à l'abri du qu'en-dira-t-on, accueil discret d'un homme d'affaires, d'un banquier, d'une relation qu'en tout cas elle souhaitait dissimuler ? Y a-t-il eu une trace de ce week-end discret ? Oui, probablement. On a retrouvé dans la maison un appareil photo qui contenait un rouleau de pellicules. Les gendarmes les feront développer. L'ennui c'est qu'ensuite, jugeant « qu'elles n'avaient rien à voir avec l'enquête », ils demanderont au juge d'instruction l'autorisation de les détruire, autorisation qu'il accordera. Quels témoignages contenaient ces pellicules ? Nous ne le saurons sans doute jamais. Était-ce là encore une mesure qui tendait à faire respecter l'honorabilité de Ghislaine Marchal ?

Puisque nous avons évoqué des pistes négligées, citons-en une autre. Un homme qui logeait dans un camion à Mougins et qui aurait eu des démêlés avec la justice, un autre Marocain, sera mis en cause par Latifa : Omar et elle auraient témoigné contre lui dans un procès. Les gendarmes ne semblent pas s'être beaucoup démenés dans cette direction. Ils ont préféré accumuler les mises sur écoute téléphonique de Mme Pascal, de ses amis, et des nombreux parents d'Omar.

Les gendarmes tout au long de l'enquête ont-ils fait preuve de partialité ? Leur conviction était-elle faite d'avance ? Les journaux qui parfois reproduisent fidèlement les thèses des enquêteurs peuvent le laisser supposer. Ainsi plusieurs versions, échafaudées par les gendarmes, se succéderont-elles. Évoquons d'abord l'une des grandes figures du Barreau de Paris que la famille de Ghislaine Marchal a constitué partie civile. Il va jouer un grand rôle.

7

Me LECLERC INDUIT LE GRAND NON-DIT : LE RACISME

Me Henri Leclerc est un professionnel des droits de l'homme. Sa panoplie d'intellectuel de gauche est impressionnante. Que de pétitions il a signées, que d'articles, que de protestations, que de marches de la Bastille à la République ! Rien ne manque dans sa carrière de militant acharné en faveur des libertés. Il s'estime « le Red Adair des libertés en feu ». Après s'être inscrit au Parti communiste, adhésion qu'il regrette comme « une erreur politique », il adhère au P.S.U., dont il devient membre de la direction politique nationale et du bureau national. Il se présentera aux élections législatives sous cette étiquette. Appartenant au courant dit « populiste » mis en minorité par Michel Rocard, il démissionne du parti. Mais parallèlement à ce cursus politique, il s'est engagé à fond comme avocat dans toutes les causes où les droits de l'homme sont menacés. Défenseur des militants du F.L.N., il trouve dans le mouvement de mai 68 et dans ses retombées une multitude de causes : il défend Cohn-Bendit, les « autonomes », les militants de la gauche prolétarienne, le journal *Libération*, les syndicalistes paysans, les militants de la C.F.D.T. *Le Matin de Paris*, qui voit en lui un modèle, délire facilement à son évocation, même s'il lui trouve de petits défauts, « un bouillonnement incessant, plus de générosité que de sens politique », mais c'est pour mieux conclure dans le style apologétique : « Et des qualités immenses : une extraordinaire rigueur morale et intellectuelle, une force jamais vaincue, un refus déterminé de toute inféodation, une humanité chaleureuse, qu'est venue renforcer une compétence qui n'est contestée par personne. » Au cours de nombreux procès où il soutiendra les militants de tout poil, et des marginaux comme Richard Roman accusé d'avoir violé et tué la petite Céline, la presse lui tresse des couronnes : « Un vieux lion qui ramasse d'un coup de patte brutal le témoin qu'il a laissé s'approcher tout près. Il force l'admiration jusque chez les parties civiles, et se bat comme un lion comme si sa vie en dépendait. » Avec de tels certificats et de tels états de service vient la consécration : en 1981, avec l'arrivée de François Mitterrand au pouvoir, il est nommé dans la commission chargée de préparer l'avant-projet de loi qui doit se substituer à la loi « Sécurité et Liberté ». Il devient vice-président de la Ligue des Droits de l'Homme et il est en tête de la manifestation qui demande l'abrogation des lois Pasqua. C'est une belle carrière d'avocat qui « a voulu mettre un instrument de défense moderne au service des plus défavorisés ».

Des plus défavorisés ! Ghislaine Marchal entre-t-elle vraiment dans cette catégorie ? Sans doute ne se sont-ils jamais rencontrés ? Il y a peu de chances pour que, dans son parcours impeccable d'avocat gauchiste, il ait jamais eu l'occasion d'apercevoir Ghislaine Marchal, née de Renty, épouse d'un homme d'affaires très fortuné, qui roule en Rolls. Certainement pas dans un tournoi de bridge ou de golf ! Et pourtant, très tôt, dès le début de l'inculpation d'Omar, dans les premiers jours de juillet, il est constitué partie civile par le fils de la victime, Christian Veilleux.

Pour quels motifs la famille de Ghislaine Marchal — notamment son beau-frère, le bâtonnier du Granrut — a-t-elle fait le choix de Me Henri Leclerc pour défendre les intérêts de la partie civile ? Probablement pas par la sympathie immédiate qu'inspirent à cette très honorable famille les causes défendues par l'avocat. Cohn-Bendit, Richard Roman, la gauche prolétarienne n'ont pas l'air d'être leur tasse de thé. Alors ! Si on a choisi Me Leclerc, c'est parce que c'est une caution de gauche, d'antiracisme. Rien ne paraît unir Me Leclerc et le bâtonnier du Granrut, sinon que ce sont à leur manière deux notabilités du Barreau, l'une de gauche, l'autre de l'*establishment*. Me Leclerc est en effet le mieux placé pour rejeter de « sa patte de lion » la moindre allusion déplacée dans ce département archi-lepéniste. Mais de qui seraient venues ces allusions et pourquoi, puisqu'on n'a pour l'instant qu'un suspect et que l'enquête ne fait que commencer. La famille de Ghislaine Marchal aurait-elle déjà son idée du coupable ? Des soupçons ? Des preuves ? En tout cas, avec Me Leclerc, elle « verrouille ». Aussi cette présomption de culpabilité de la part de la famille à l'encontre d'Omar va-t-elle peser de tout son poids sur l'instruction et sur l'enquête. Le bâtonnier du Granrut, qui connaît sa machine judiciaire sur le bout des ongles, a ainsi d'avance, sous prétexte d'apaisement, coupé l'herbe sous le pied à toute critique qui pourrait être faite sur l'acharnement de la partie civile contre Omar. Me Henri Leclerc après le verdict se montrera gêné. Interrogé au cours du Club de la Presse-*L'Humanité*, il fait une réponse aussi alambiquée qu'une motion du P.S.U. « Ce que je peux dire, c'est qu'on ne peut soupçonner ni la partie civile, ni la famille de la victime, d'avoir joué du racisme : je crois que les accusations de Me Vergès en ce sens sont injustes. Cela étant, je ne dis pas qu'il n'y ait pas eu de racisme dans ce procès. Je ne sais pas ce qu'il y a dans le cœur des hommes. En tout cas, si la famille m'a choisi pour avocat, c'est justement parce qu'elle ne voulait pas qu'il y ait de dérive raciste. » Mais pourquoi Me Henri Leclerc, qui n'a jamais dévié de sa parfaite ligne gauche, accepte-t-il subitement de pactiser avec ceux qu'il a toujours combattus : les héritiers du grand capital, les grands bourgeois, et cela non seulement pour abandonner la cause de ces déshérités pour lesquels il s'est si vaillamment battu, mais la combattre ? Ce dut être pour lui un beau drame de conscience. On peut l'imaginer, lui, le gauchiste vieillissant, plein de lassitude, finissant par se laisser convaincre, vaincu par ce respect de la puissance, de l'honorabilité, qui fait voler en éclats sa vieille défroque idéologique. Et le réduit à quoi ? À n'être qu'une caution d'antiracisme. Était-ce vraiment l'apothéose qu'il rêvait à son honnête et glorieuse existence de militant ? A-t-il pu croire une seconde, lui qui a si bien mis en lumière les machinations policières dans l'affaire Roman, le scénario mis au point par l'adjudant-chef Cenci ?

Nous avons un peu ironisé sur cette grande figure courageuse, qui a eu comme tout le monde son moment de faiblesse. Nous ne voulons pas lui assener à notre tour des leçons de morale, à lui qui en a tant donné. Gageons qu'il a dû être tourmenté par ce faux pas qu'un de ses confrères compare avec humour à celui du cardinal Danielou : « Leclerc a eu la même faiblesse sur le plan idéologique que le cardinal Danielou sur le plan ecclésiastique. » Quel discours tiendra-t-il maintenant à ses vieux amis trotskistes, gauchistes, ou simplement militants des droits de l'homme, lorsqu'il essayera de les entraîner à manifester pour les grandes causes qui ont fait sa légende et qu'il les verra se détourner de lui, tristes et désabusés ? Désormais seul, dans cette terrible solitude que connaissent les hommes qui un jour, pour une raison mystérieuse, rompent avec l'idéal de leur jeunesse, avec une idée chevaleresque et romantique de la vie. Pour se réconforter, il pourra toujours se dire qu'après tout il n'a fait que rejoindre le club : celui de ses anciens compagnons révolutionnaires, de Serge July, devenu l'associé et le commensal de la famille Riboud, d'Henri Weber, le dirigeant du mouvement trotskiste « La Ligue Communiste », qu'on a retrouvé au cabinet de Fabius, de Roland Castro, qui a reconverti son gauchisme dans l'immobilier. Autant d'authentiques révolutionnaires qui, après avoir aboyé contre les chiens de garde du capitalisme et avoir goûté à l'amère soupe ouvrière, ont fini par se laisser prendre aux douceurs et aux ivresses que prodiguent les tenants de ce grand capital tant haï. Autant de héros de notre temps qui semblent sortis tout droit du film d'Ettore Scola *Nous nous sommes tant aimés*.

Donc, dès le début, de fortes probabilités laissent penser que pour les gendarmes il y a présomption de culpabilité pour Omar. Maintenant, il faut y ajouter la même présomption de la part de la famille. C'est un peu lourd. Même si on n'agira pas de la même façon. Chacun son style : l'un balourd, l'autre feutré. On ne peut pas affirmer que cela soit conscient, délibéré. Peut-être la famille, les gendarmes ont-ils eu connaissance de faits, de preuves qu'il aurait été délicat d'exhiber au cours de l'enquête. Cela peut se concevoir pour la famille. Mais pour les gendarmes ! À moins que ceux-ci, comme certaines attitudes le laissent supposer — destruction des pellicules photographiques de Ghislaine Marchal —, se soient alignés sur les préoccupations d'honorabilité manifestées par la famille. Cela aboutit à ce résultat où chacun ne semble plus n'avoir qu'un but : charger Omar. Oui, mais pour cela, les présomptions ne suffisent pas, il faut des preuves ? On va les chercher. En attendant, il faut un coupable qui tienne debout : pour la presse, pour l'opinion, pour les jurés. Qu'à cela ne tienne, on va s'y employer.

8

LE SCÉNARIO DES GENDARMES

L'adjudant-chef Cenci, de la brigade de gendarmerie de Cannes, s'empare de l'enquête. Il a interrogé Omar et va conduire les investigations sous le faible contrôle du juge d'instruction, Sylvaine Arfinengo, qui, enceinte, accouchera peu après. Le dossier sera confié à un autre magistrat, le juge Gatte.

L'adjudant-chef Cenci a bien sûr sa petite idée sur le coupable. Quels sont les éléments dont il dispose ? Une milliardaire assassinée dans la cave de sa villa, deux inscriptions qui accusent le jardinier, un lit de camp contre la porte de la cave qui laisse penser que la victime s'est barricadée pour tenter de se protéger de son agresseur. Déjà le tableau parle assez bien : Omar a fait le coup. Il l'interroge. Pourquoi avoir travaillé un dimanche chez Mme Pascal, jour présumé du crime ? Bizarre. Son emploi du temps à l'heure du déjeuner lui semble peu clair. Bien sûr, il y a ce coup de téléphone à Toulon : mais cela lui a tout l'air d'un astucieux alibi. (En réalité, répétons-le, ce coup de téléphone, Omar, au cours de son interrogatoire, croira l'avoir donné le soir. C'est sa femme Latifa, puis plus tard les Télécom qui confirmeront l'horaire exact : 12 heures 51.) Mais enfin reste ce fameux trou de trente-six minutes. Le retour prématuré d'Omar chez Francine Pascal lui semble un souci de plus de se forger un alibi, même si Omar le justifie par son retard d'un quart d'heure le matin chez sa patronne.

Reste le mobile. Un des premiers témoins le lui donne, Liliane Receveau, la femme de ménage de Ghislaine Marchal : l'argent. Omar demandait des avances à sa patronne : elle a même assisté à une de ces demandes. « Depuis quelque temps, Madame s'emportait contre lui : il avait commencé des travaux sans la prévenir, empruntait du matériel de la maison, et réclamait trop souvent de l'argent. » Elle poursuit : « Midi, c'est son heure, il passait souvent à l'improviste pour prendre quelques sacs-poubelles, du Total pour les rosiers, ou un instrument de jardinage dont il avait besoin lorsqu'il travaillait dans une propriété voisine. » Liliane Receveau n'éprouve aucune surprise en apprenant l'existence des inscriptions qui mettent Omar en cause : « Madame avait la maladie des petits mots. Partout, elle laissait des notes pour dire : "L'argenterie n'est pas faite", "Il faut biner le jardin", par exemple. C'était presqu'un réflexe pour elle. » Mais l'hebdomadaire *Paris-Match* qui reproduit ce témoignage l'accompagne d'une précision qui en éclaire le contexte : « La femme de ménage n'a pas été épargnée par l'enquête. Une lettre anonyme envoyée aux gendarmes l'a dénoncée. Sa voiture, une R5 rouge, aurait été vue, le dimanche du crime, devant La Chamade. "Heureusement, ce jour-là, j'étais partie avec ma fille faire une excursion au lac Sainte-Croix." On a utilisé sa Golf, laissant sa voiture devant son immeuble, raconte-t-elle. »

Reste l'arme du crime qu'on n'a pas retrouvée. Pour l'adjudant-chef Cenci, c'est la cisaille qu'il a vue dans le local du jardinier. Cet outil lui semble correspondre tout à fait aux horribles blessures de la victime.

Donc Omar. D'après le scénario élaboré par l'adjudant-chef, il n'y a, à l'évidence, qu'un meurtrier possible : Omar. Après tout, en ce début de l'enquête la chose est plausible même si on ne connaît pas encore les résultats de l'autopsie et des expertises scientifiques. Il faut se replacer dans le contexte : c'est un crime horrible, affreux à voir. Et puis il fait chaud. C'est l'été. Et il y a l'inscription. Tout de même, dans ce scénario, il y a quelque chose qui devrait troubler l'adjudant-chef Cenci et ses collègues, et plus encore le nouveau juge d'instruction, Jean-Paul Renard. D'après ce scénario, Omar a une altercation avec sa patronne dans sa chambre ou devant la cave à propos de l'argent qu'elle lui refuse. Colère meurtrière du jardinier. Il l'entraîne dans la cave, la frappe avec le chevron, puis à coups de cisaille. Ensuite il la laisse agonisante, et ferme à clé, derrière lui, à double tour, la porte de la cave.

C'est un comportement d'assassin un peu étrange. Après tant de sauvagerie inutile, pourquoi ne pas finir le travail ? D'autant plus qu'une longue estafilade dans la cuisse, qui n'a pas pu avoir pour but d'être mortelle, a pu en revanche être portée pour s'assurer que la victime était bien morte. Un procédé que connaissent tous les chasseurs.

Curieusement, dès ce moment l'enquête des gendarmes va moins essayer de s'appuyer sur les expertises scientifiques (mises à part les expertises graphologiques qui vont dans son sens) que tenter de chercher à conforter le premier mobile : les besoins d'argent de l'accusé. Les investigations vont se concentrer sur ce point. On ne tarde pas à découvrir qu'Omar jouait au bandit-manchot, une machine à sous du casino de Cannes-Croisette où les membres du personnel diront l'avoir vu à plusieurs reprises. Omar le reconnaîtra sans difficulté.

Toujours dans cette optique, on suivra deux autres

pistes. L'une fournie par Liliane Receveau faisant état de la disparition d'un bracelet de Ghislaine Marchal et d'une grosse somme d'argent, 10 000 francs, dont Ghislaine Marchal avait accusé son employée. Notons que la victime n'avait pas d'argent dans son sac le jour où on a retrouvé son cadavre, alors que, toujours selon Liliane Receveau, elle avait retiré de la banque B.N.P. du Cannet, quelques jours avant le crime, la somme de 5 000 francs.

L'autre piste est fournie par la propre épouse d'Omar. Latifa affirme qu'on lui a dérobé deux bijoux lui appartenant. La police enquêtera chez les bijoutiers de Cannes et découvrira chez l'un d'eux la trace d'une vente de bijoux d'une valeur de 8 000 francs, des boucles d'oreilles, effectuée en 1990, au bénéfice d'un certain Raddad. Mais, vérifications faites, ni la date ni les bijoux ne correspondent à ceux qui ont été volés. Latifa a dit qu'il s'agissait d'un collier et d'une médaille. De plus, elle déclare que non seulement leur valeur était très inférieure à celle qu'indique le bijoutier, mais qu'elle a constaté leur disparition après son accouchement, le 28 mai 1991. Bientôt, les enquêteurs renforceront ce mobile par une autre information : Omar fréquentait les prostituées. On en trouve la trace dans l'un des premiers procès-verbaux lors de sa garde à vue. Mais dès qu'on lui aura fourni un interprète, Omar niera formellement avoir tenu de tels propos. Nous verrons par la suite comment s'est forgé ce nouvel élément qui ne tend qu'à renforcer le mobile. On s'y raccrochera jusqu'au bout vaille que vaille. Car on fait coup double : non seulement on renforce le mobile, mais on discrédite un inculpé qui n'a pas un profil d'assassin, bien au contraire.

Avant de mettre en cause ce témoignage, il faut

s'interroger un instant sur les accointances malsaines qui existent depuis toujours entre la police et les prostituées. La prostituée est en réalité le maillon fragile qui tantôt sépare, tantôt unit la police et le milieu de la délinquance via le proxénétisme. Tantôt alliée : lorsque la prostituée informe la police, comme indicatrice ou comme dénonciatrice, pour obtenir un « condé », un passe-droit, qui lui permet d'exercer son métier en toute tranquillité. Il peut lui arriver aussi à la demande du milieu de fournir à la police des « tuyaux » qui vont dans le sens des intérêts du milieu. Par exemple permettre l'arrestation d'un sadique meurtrier pour éviter des contrôles et des perquisitions qui gênent le milieu dans ses activités. La prostituée dans ce rôle est commode : on se sert d'elle, et puis, quand on n'a plus besoin d'elle, on la rejette. Ce qui est très pratique, c'est qu'en réalité la prostituée n'a pas de vrai statut : son métier est toléré, on peut l'appréhender à tout moment, la verbaliser quand bon vous chante, et ses déclarations ne sont jamais prises très au sérieux si par hasard elle a l'idée de se rebiffer et d'accuser des commissaires de police de la rançonner. Ce qui, paraît-il, arrive plus souvent qu'on ne le pense. Du moins ce sont les prostituées qui le disent, et il paraît que sur ce point elles ne sont pas fiables. Tout de même, par-ci par-là, il arrive que des policiers soient condamnés. Ainsi la fameuse affaire des corrompus de Lyon, qui en 1972 avait révélé la corruption d'un certain nombre de policiers, notamment les commissaires Javilley et Tonnot, ainsi que le rôle pour le moins trouble joué par M. Tarniquet, ancien directeur de la police judiciaire.

Dans une autre affaire judiciaire, l'inculpation du notaire de Bruay-en-Artois accusé d'avoir assassiné une jeune fille, les enquêteurs avaient également fait appel au témoignage d'une prostituée. Celle-ci avait reconnu avoir eu des relations avec le notaire qui, vicieux, aurait eu, entre autres manies, celle de lui piquer les seins avec des aiguilles à tricoter. Un témoignage dont la « fabrication » était apparue nettement au cours de la procédure.

Dans l'affaire Omar l'apparition opportune des prostituées semble surtout destinée à dessiner le profil d'un homme poursuivi par de multiples besoins d'argent et qui, loin d'être le bon père de famille décrit par ses proches et les témoins, se livre régulièrement à la débauche, plutôt qu'à concourir à la recherche de la vérité.

Ces témoignages s'effondreront le jour du procès. L'une des prostituées qui témoignera, Nathalie B., reconnaîtra ne pas avoir eu Omar comme client. Quant à l'autre, qui ne sera pas présente à l'audience, Fatima B., si elle reconnaît Omar sur les photos qu'on lui a présentées, elle déclarera n'avoir eu qu'un seul rapport sexuel avec lui pour la somme de 300 francs. Même si on admet le second témoignage pourtant si contestable, on est bien loin de la « fréquentation assidue » des prostituées. Ces témoignages n'auront servi qu'à jeter l'ombre nécessaire sur la personnalité trop simple du jardinier.

Maintenant nous avons un coupable beaucoup plus présentable.

9

OMAR FACE AUX INCERTITUDES DES EXPERTS

Omar a commencé une première grève de la faim le 18 novembre 1991. Son état devenant alarmant, il sera transféré à la prison-hôpital de Fresnes. Les supplications de sa famille, de ses avocats, et les mises en garde des médecins sur la gravité de son état et sur les séquelles irréversibles qu'il risque, ne le font pas revenir sur sa décision. Il ne consentira à l'interrompre qu'à la demande de son père que l'on a fait revenir du Maroc. Un an plus tard, début mai 1992, il poursuit pendant quarante jours une nouvelle grève de la faim doublée d'une grève de la soif. Il a perdu trente-cinq kilos. Il est jugé intransportable par les médecins qui se montrent inquiets de sa détermination. Ils parviendront cependant une nouvelle fois à le convaincre de s'alimenter. Les témoignages concernant sa vie en prison concordent pour dire que c'est un détenu modèle. « Coupable ou innocent, écrit *L'Événement du Jeudi*, Omar n'a pas la vie aussi dure qu'un Richard Roman. Maton et détenus s'associaient pour persécuter l'un. L'autre à l'inverse est le protégé de la prison de Grasse : tous sont convaincus de son innocence. » Même « si cela ne prouve rien », comme conclut l'article, voilà qui n'a pas dû être agréable à Me Henri Leclerc, avocat de Roman, constitué partie civile. Sa mythologie populiste a dû en prendre un sérieux coup. Cela ne l'empêche pas de déclarer à la même époque : « J'attends l'audience publique. Les jurés alors découvriront la tangibilité d'un dossier face au fantasme collectif. Il contient des charges suffisantes et très lourdes : des preuves. » Des preuves ! On les attend encore.

Dix demandes de mise en liberté provisoire seront rejetées par les magistrats. Omar de sa prison peut imaginer l'invraisemblable ballet des experts dont la presse se fait l'écho. Pendant près de trois ans, les experts vont donner de leur travail d'auxiliaires de justice une image plus que tâtonnante. Ce qui va surtout apparaître, ce sont moins les preuves de la culpabilité d'Omar que la terrible incertitude de leur science.

Plusieurs questions vont être au centre des débats entre les experts et les avocats.

1° – Le lit de camp. Avec la barre de fer, il bloquait la porte, fermée à clé de l'extérieur à double tour, de la cave de La Chamade. Déverrouillée, lors de la première constatation le 24 juin 1991, la porte ne s'entrouvre qu'à peine, suffisamment pour allumer l'interrupteur. Les gendarmes diront que ce lit de camp exerçait sur la porte une forte résistance et qu'il n'avait pu être placé dans cette position que par une personne se trouvant à l'intérieur de la cave, donc par Ghislaine Marchal qui aurait également tenté de se barricader à l'aide de la barre de fer glissée sous la porte et appuyé sur le chevron de bois. Ce chevron de bois, le gendarme Liedkte ne l'a pas vu : il le dira dès sa première déposition. Lors d'un transport sur les lieux, le 18 février 1992, les avocats, Me Girard et Me Baudoux, tenteront d'apporter la preuve qu'il est tout à fait possible, en laissant glisser le lit contre la porte, de le placer dans cette position. Ce qui reste difficile à évaluer, et fera litige, c'est la résistance de la porte aux gendarmes.

Sur la barre de fer aucune empreinte ne sera décelée. Était-elle placée sur le chevron pour bloquer la porte, comme le pensent les gendarmes après réflexion, ou simplement abandonnée au hasard ?

2° – Les inscriptions en lettres de sang « OMAR M'A TUER » : l'une sur la porte de la cave, à un mètre du sol, l'autre « OMAR M'A T », à l'autre extrémité de la pièce sur la porte de la chaufferie : qui les a écrites ?

Le premier rapport de l'expert-graphologue d'Aix-en-Provence, M. Giessner, le 22 août 1991, conclut que les inscriptions, comparées avec les grilles de mots croisés que l'on a retrouvées, sont bien de la main de Ghislaine Marchal. Il précise, catégorique : « Nos constatations sont trop liées à l'affaiblissement physiologique du scripteur pour que l'on puisse retenir l'hypothèse d'une quelconque mise en scène. » Le 11 octobre, le rapport de la contre-expertise ordonnée par le juge Renard à la demande de l'avocat, Me Girard, confirme les conclusions du premier rapport. L'expert précise encore que Ghislaine Marchal a écrit, allongée, de la main droite, se soulevant sur le coude gauche, « avec une volonté farouche d'écrire, bien que ne disposant plus de la mobilité nécessaire pour le faire ». Quant à la faute d'orthographe, la famille la juge plausible de la part de la victime. Sauf Francine Pascal, voisine et amie de la victime, qui déclare : « Ghislaine Marchal n'a pas pu faire une telle faute d'orthographe. C'est impossible. » Son avis n'est pas loin d'être partagé par la plupart des fréquentations de la victime. Pourquoi n'a-t-on pas montré des lettres qui en apportaient la preuve ?

Les inscriptions accusatrices de Mme Marchal recèlent-elles des empreintes digitales ? Le laboratoire Codegène de Strasbourg aurait pu éventuellement le déceler, mais on n'a pas songé à lui demander cet examen. Le doigt qui a tracé les lettres est-il de la même grosseur que l'index de Mme Marchal ? Cette expertise fondamentale ne pourra jamais être effectuée, puisque le juge d'instruction a également oublié de la demander et qu'il a accordé l'autorisation d'incinérer le cadavre avant la rédaction du rapport des médecins légistes. Dernière question : la victime était-elle en état d'écrire après les blessures reçues ? Question qui amène aux conclusions de l'autopsie.

3° – Les premières constatations, puis l'autopsie du corps de la victime. Elles seront effectuées par MM. Page, Macario et Menard qui vont tenter de répondre à plusieurs types d'interrogations. Sauf à la plus importante : Ghislaine Marchal était-elle en état d'écrire, de ramper sur une distance de 6 mètres 50, et accessoirement, sans ses lunettes, pouvait-elle voir son assassin ? Enfin pourquoi son peignoir était-il relevé au-dessus des reins si elle avait rampé ?

Date de la mort ? Nous avons relevé sur ce point les contradictions des experts (voir p. 36) qui, dans leur troisième rapport, indiquaient le 24 juin entre 11 heures et 13 heures 30.

C'est en novembre dans le bureau du juge Renard que les avocats, Me Girard et Me Baudoux, signalent l'anomalie au magistrat. Celui-ci, pour montrer sa bonne foi, téléphone aussitôt aux médecins légistes : ceux-ci hésitent, gênés, puis allèguent « l'erreur de frappe ». Ils préciseront dans un nouveau rapport corrigé « qu'il faut lire le 23 juin au lieu du 24 juin en conservant la même fourchette horaire ». L'ennui, c'est que, le lendemain, Me Baudoux raconte la scène à TF 1. Fureur du juge qui estime que sa confiance a été trahie. Désormais, il semble qu'il ait pris en grippe les défenseurs.

L'autopsie révèle que la victime a reçu sur la tête quatre coups de chevron qui ont provoqué un important œdème cérébral. Plusieurs coups ont été portés à l'aide d'une arme blanche effilée à double tranchant de vingt centimètres de long et de deux centimètres de large : deux coups dans le cou qui n'ont pas lésé la carotide, deux coups dans le foie, une blessure très curieuse à la cuisse. Le rapport note l'absence de poche de sang dans la cavité abdominale. Les deux lobes du foie notamment ont été transpercés de part en part. Me Baudoux déclare alors : « S'il apparaissait que la cavité abdominale de Mme Marchal ne contenait pas de sang, cela voudrait dire qu'après avoir reçu un coup de couteau, elle serait tombée et ne se serait plus relevée. » Ce qui expliquerait la présence de la tache de sang sur le sol relevée lors de la première constatation. « Ce qui veut dire que les deux coups au foie lui ont été portés dans cette seconde phase et que, par conséquent, le meurtrier était encore présent dans la chaufferie lorsqu'elle a écrit, debout, le premier message : ce ne pouvait être Omar puisqu'il aurait tenté de l'effacer », écrit Roger-Louis Bianchini dans *Nice-Matin* le 18 février 1992. Hélas, cette flaque de sang a disparu le jour du transport sur les lieux, ce même 18 février. On avait simplement négligé de mettre les scellés sur la porte de la chaufferie. Le médecin légiste a également oublié de prendre la température du corps ainsi que celle de la cave.

Les ongles d'Omar, ses mains, ses vêtements : aucune trace de sang n'y sera décelée.

Y a-t-il des poussières de la cave sur les semelles d'Omar ? Le 6 février 1992, les experts laissent entendre que des traces de poussière et de laine de verre ont été retrouvées sur le pantalon d'Omar, sans que l'on sache si elle correspondent aux fragments récoltés dans la cave. Ils poursuivent leurs recherches.

10

LES CERTITUDES CONVERGENTES DES ENQUÊTEURS, DES MAGISTRATS, ET DE Me LECLERC

Dès le départ de l'enquête, fin juin-début juillet 1991, les gendarmes, puis le juge d'instruction, ainsi que la famille représentée par Me Henri Leclerc, vont converger vers la même certitude : Omar Raddad est coupable. La famille en est convaincue, sinon pourquoi, répétons-le, aurait-elle dès les premiers jours de juillet choisi Me Leclerc, vice-président de la Ligue des Droits de l'Homme, constitué afin d'éviter tout débordement raciste ? Mais, à cette époque, pourquoi y aurait-il des débordements ? Ne sont encore connus ni les résultats de l'autopsie, ni les rapports des graphologues, ni les diverses expertises. Dès cette époque se forge la présomption de culpabilité envers Omar.

Les journaux se font l'écho très rapidement de la prévention des enquêteurs et des juges.

L'heure du crime se situe aux alentours de midi le 23 juin, disent les enquêteurs dès le 25 juin : « C'est même l'un des éléments les plus solides qui ressort des investigations de la gendarmerie », écrit Roger-Louis Bianchini dans *Nice-Matin.* L'élément le plus solide ! Ou le seul trou existant dans l'emploi du temps d'Omar ? Dans *Le Journal du Dimanche* du 29 juin, Paul Barelli écrit : « Le juge Arfinengo a accumulé un faisceau de présomptions suffisant pour l'inculper. Tout d'abord, son alibi s'est en partie effondré. Omar affirmait avoir quitté le jardin où il travaillait pour aller déjeuner à son domicile. De plus, il semblerait qu'Omar ait des difficultés financières [...] Mais c'est l'autopsie pratiquée vendredi qui renforce l'intime conviction du juge. Elle révèle qu'aucun des dix coups de couteau qui ont atteint la victime n'a pu être mortel. Mme Marchal a succombé à ses blessures après un laps de temps qui a pu varier d'un quart d'heure à une heure. Elle a pu écrire donc elle-même avec son propre sang les inscriptions qui désignent Omar. » Les enquêteurs le 9 juillet subodorent « un crime oriental » ainsi que l'écrit Robert des Nauriers dans *Le Figaro* : « Ces coups de couteau nous interpellent, disent-ils, car ils sentent la préméditation et dénotent une certaine technicité [...] Quant à la faute d'orthographe, poursuit le journaliste, elle ne préoccupe pas trop le magistrat. Car la victime d'une aussi terrible agression, au seuil de la mort, peut ne plus maîtriser tout à fait la syntaxe. " Si c'est bien elle qui a écrit ces mots avant de mourir, on peut parler d'écriture automatique ", lâche un substitut du procureur. »

Dès le 15 juillet, s'échafaude chez les enquêteurs, selon leur expression, « un scénario qui tient la route », d'après lequel Mme Marchal a été attaquée par un cambrioleur de type maghrébin qui la frappe avec une barre de fer, puis quand elle est à terre, à coups de poignard. Robert des Nauriers poursuit le récit du scénario de la police : « Le premier réflexe d'une personne non entraînée subissant une attaque soudaine consiste à se protéger en fermant les yeux et en battant des bras », confirme le policier. Mme Marchal mortellement blessée n'a donc peut-être jamais rouvert les yeux avant de sombrer dans le coma où elle n'a emporté que la vision fugitive de type arabe. Ensuite, reprenant à demi-conscience pendant quelques minutes avant de succomber — comme le rapport du médecin légiste le précise —, elle a pu acquérir la certitude que cet agresseur était Omar. « Cette hypothèse, poursuit le journaliste, est jugée fort recevable selon un magistrat du Parquet de Nice. » L'attitude des enquêteurs est résumée par un policier niçois dont le témoignage est recueilli par *Libération* le 16 juillet : « Cette affaire est complètement déroutante car il suffit de pousser une porte et la solution apparente vous saute aux yeux, écrite en toutes lettres sur un mur. Du coup on est partagé entre le doute que suscite inévitablement une vérité trop évidente et la peur de ne pas être assez simple en acceptant l'évidence de cette vérité. » L'évidence de cette vérité qu'est, pour les enquêteurs, la culpabilité d'Omar, il ne leur reste qu'un petit doute, un dernier scrupule, avant de s'y engouffrer et de ne plus en sortir. À cet instant, le moindre élément peut faire pencher le plateau de la balance. Les experts graphologues vont le leur donner le 22 août. « Rapport accablant », écrit *France-Soir.* Mais un des premiers témoins, la femme de ménage, Liliane Receveau, dont toutes les déclarations vont dans le sens de la culpabilité d'Omar (le seul avec elle à détenir la clé du portillon d'entrée), avait déjà authentifié l'inscription. « Lorsque les gendarmes m'ont montré les inscriptions, j'ai immédiatement reconnu son écriture. La forme des lettres était identique à celle des mots croisés qu'elle jetait à la poubelle. »

En décembre, les résultats des analyses biologiques vont-elles ébranler les certitudes des enquêteurs : aucune parcelle de terre, ni de brin d'herbe, aucune trace de sang n'ont été relevées, même à des doses microscopiques, sur l'accusé, ni dans la chaufferie de la propriété. On apprend également à cette date la « faute de frappe » dans le rapport d'autopsie, sans laquelle l'innocence d'Omar serait patente puisqu'il était le 24 juin à Toulon.

Le 5 février, de nouvelles expertises évoquent des traces de poussière et de laine de verre sur le pantalon du jardinier. « Les enquêteurs, convaincus depuis le début de la culpabilité de Raddad, exultent », lit-on dans *Libération* le 6 février 1992. « Les enquêteurs, eux, estiment déjà qu'elles prouvent la présence d'Omar sur les lieux », écrit Roger Bianchini dans *France-Soir* le 7 février 1992. « Le Parquet a évoqué hier les résultats encore officieux d'une expertise révélant que des traces de poussière et de fibre de verre provenant de la chaufferie ont été retrouvées sur le pantalon de travail du jardinier », note Jean-Paul Fronzes dans *Nice-Matin* à la même date. Même version de Paul Barelli dans *Le Quotidien de Paris* : « D'ores et déjà dans les milieux proches de l'enquête, on considère cette expertise comme la confirmation de la culpabilité d'Omar. Culpabilité déjà établie, selon l'accusation, par la première expertise » (celle des graphologues). Quant à Me Leclerc, il s'insurge contre la suspicion qu'a fait naître la « faute de frappe » des médecins légistes. « Malgré l'erreur de date, le contenu du rapport est indiscutable. Mme Marchal est morte le 23 juin entre 12 heures 15 et 13 heures 30. » On peut lire une autre déclaration péremptoire de l'avocat de la partie civile faite après le transport sur les lieux et rapportée dans *Nice-Matin* du 19 février 1992 : « Il a été démontré que c'est bien Mme Marchal qui a poussé le lit contre la porte qu'elle a également bloquée à l'aide d'une barre de fer. Cela résulte de la reconstitution à laquelle nous venons d'assister. »

Devant les contradictions et les incertitudes des expertises, on va insensiblement tenter de les camoufler en privilégiant maintenant le mobile avancé dès le début : l'argent. Cela va vite. Le 3 mars, on lit dans un sous-titre du *Figaro* : « Le jardinier marocain est maintenant soupçonné d'avoir volé un bijou à sa femme. » Latifa avait constaté la disparition de deux bijoux, une médaille et un collier en or, après son accouchement. Or, nous l'avons déjà noté, la police a retrouvé un bijoutier de Cannes qui dit avoir acheté à un certain Raddad, le 30 mai 1990, un collier et des boucles d'oreilles en or. Mais outre qu'il s'agit d'un collier et d'une médaille, Latifa a constaté leur disparition le 28 mai 1991. De plus, les bijoux de Latifa avaient une valeur moindre. Ces informations que le juge d'instruction, Jean-Paul Renard, « s'efforce de vérifier » (vérifier quoi ? Ni les dates ni la nature des bijoux ne correspondent, et de plus à la date de cette vente supposée Omar se trouvait au Maroc). Mais pour la presse, pour l'opinion, on a fait mouche : « La vente du collier en or de son épouse accréditerait ce besoin [d'argent] et conforterait le mobile avancé par les enquêteurs », lit-on dans la presse du lendemain. Robert des Nauriers écrit dans *Le Figaro* : « La confirmation du soupçon ne ferait qu'alourdir les charges pesant sur lui [Omar]. Un homme capable de flouer la mère de ses enfants ou de devenir le client assidu des prostituées aurait plus de mal à convaincre un jury d'assises. » Et, dans *Le Point*, Marc Traverson écrit : « Le juge Renard laisse entendre que l'enquête touche à sa fin. Il souhaite simplement compléter la biographie de l'inculpé. Puis il sort un lapin de son chapeau : un bijoutier de Cannes affirme qu'Omar a tenté de lui vendre une chaîne et une paire de boucles d'oreilles en or. Or, Omar aurait dérobé ces bijoux... à sa propre femme [...] Retors, il lui avait même conseillé de porter plainte. Coup dur pour la défense. Cet élément de moralité pèse lourd dans un dossier en équilibre instable. Le portrait du bon époux, bon père de famille s'écaille. Le jardinier dilapidait son pécule dans les casinos et fréquentait les prostituées. S'il s'avère que c'était avec l'argent volé de sa femme, cela ne pourrait qu'accréditer, comme mobile du meurtre, le vol crapuleux. »

On comprend l'exaspération d'un des défenseurs d'Omar qui déclare : « Si un jour nous devons plaider devant les assises, nous ne manquerons pas de faire le procès de l'instruction », et il souligne « les incohérences, voire les erreurs de l'enquête ».

Maintenant on a enfin construit un coupable présentable. Sur quoi ? Des preuves ? Non ! Des approximations, des ragots, des calomnies que rien ne confirme. Ces prostituées qu'on accuse Omar de fréquenter assidûment, quand les voit-on apparaître ? Dans l'un des premiers procès-verbaux de l'interrogatoire de garde à vue fait sans la présence d'un interprète par l'adjudant-chef, Claude Begou, le 25 juin 1991 à 21 heures. On demande à Omar comment il a employé l'argent de l'avance de Mme Marchal : « La semaine dernière, à deux reprises, j'ai fait l'amour avec une prostituée et à chaque fois elle m'a demandé 700 francs. J'avais rencontré cette femme sur la Croisette. » Mais le 20 août, devant le juge Renard, et cette fois en présence d'un interprète et de son avocat, Me Girard, il déclare : « Contrairement à ce que j'ai dit aux gendarmes, je n'ai pas fréquenté de prostituées. J'ai une femme, je n'éprouve donc pas le besoin d'aller fréquenter ce genre de personnes. Si j'ai fait cette déclaration, c'est parce que j'avais entendu dire que les gendarmes frappaient les gens interpellés et que je me suis affolé. En outre j'ai des problèmes de compréhension de la langue française. » Un an plus tard, le 9 avril 1992, toujours devant le juge

Renard, il redit : « Lorsque j'ai été interpellé par les gendarmes et que j'ai été interrogé, je leur ai précisé que je ne maîtrisais pas complètement la langue française [...] Je voudrais en outre ajouter que j'ai été sali dans la presse pour une vente de bijoux que je n'ai pas effectuée. De même je me demande pourquoi on a indiqué dans la presse que je fréquentais des prostituées. Je voudrais savoir qui a pu fournir ces informations à la presse. » Cher secret de l'instruction !

Certes, Omar a signé les procès-verbaux. Mais il a signé tout ce qu'on lui a demandé de signer.

Un seul élément ne filtre pas dans la presse et il est pourtant capital : pourquoi avoir dissimulé (on ne l'apprendra qu'au procès) le témoignage de Liliane Receveau aux gendarmes indiquant que sa patronne a reçu devant elle un coup de téléphone d'une femme qui, le samedi matin, l'invitait pour le week-end. Après avoir hésité et avoir demandé à son interlocutrice : « Est-ce que nous serons nombreuses ? », et lui avoir dit : « J'aurais préféré rester dans mon lit pour faire mes mots croisés », Ghislaine Marchal semble finir par accepter. C'est alors qu'elle dira à sa femme de ménage de ne venir ni le dimanche ni le lundi en raison de son absence. Pourquoi ce témoignage a-t-il été négligé au cours de l'instruction ? Pourquoi n'a-t-on pas cherché à savoir qui avait donné ce coup de téléphone ? Pas plus qu'on n'a cherché à savoir s'il manquait des objets dans la maison. Or, selon la femme de ménage, il manquait des appareils vidéo et des plats et de la vaisselle en étain. Ce vol, pourquoi Liliane Receveau n'en a-t-elle pas fait état ? Les gendarmes ont simplement omis de lui demander si des objets avaient disparu dans la maison.

11

L'ENQUÊTE S'ENLISE JUSQU'AU PROCÈS

Toute l'année 1993, l'enquête va s'enliser. Aucun élément nouveau. On répète les mêmes choses avec seulement des acteurs différents. Omar Raddad aura eu droit pendant ce temps à quatre juges d'instruction successifs : Mme Sylvaine Arfinengo, le juge Gatte, M. Jean-Paul Renard et pour finir M. Coutton. Cinq avocats se sont penchés successivement sur son dossier, déposant en vain dix demandes de mise en liberté provisoire. Déjà le 25 mai 1992, le juge Renard expliquait au *Figaro* les raisons pour lesquelles il souhaitait maintenir Omar à la prison de Grasse : « Le magistrat semble en effet redouter qu'à la faveur d'un élargissement prématuré le jardinier, qui n'offre pas de bien grandes garanties de représentation, ne regagne les montagnes de son pays natal où il serait bien difficile ensuite de le retrouver, sans parler des difficultés d'extradition. En outre, si aucune preuve formelle n'a effectivement pu être fournie, le faisceau de présomptions paraît suffisant pour motiver le renvoi de l'inculpé devant les assises. »

On néglige les incertitudes scientifiques en augmentant la pression sur les mobiles : l'argent pour jouer aux machines à sous et pour aller voir les prostituées (prostituées qu'Omar nie toujours avoir fréquentées). L'instruction est maintenant close. L'ordonnance clôturant l'instruction du dossier est remise à M. Farret, procureur adjoint à Grasse. Elle est accablante pour Omar. Elle relève des charges « précises, concordantes, accablantes ». Le magistrat instructeur conclut à l'absence de tout alibi.

Les avocats, Me Girard et Me Baudoux, protestent tout en relevant les lacunes et les erreurs de l'enquête. Ils réclament de nouvelles expertises, car ils ont acquis la conviction que les coups portés à Mme Marchal l'ont été par un gaucher, alors qu'Omar est droitier. Ils relèvent également que la blessure à la cuisse de la victime a laissé une trace de sang perpendiculaire au sol, alors que, si la victime s'était levée pour écrire, le sang aurait coulé le long de la cuisse, ce qui indiquerait la présence du meurtrier au moment des inscriptions. Cependant ils ne contestent pas complètement les résultats des analyses graphologiques : ils estiment que les accusations de Ghislaine Marchal ont pu être écrites sous la contrainte. C'est la thèse du « scénario diabolique ». Leur position va entraîner des fissures, puis de graves divergences du côté de la défense. En effet la femme d'Omar, Latifa, qui ne comprend pas pourquoi son mari reste en prison, a décidé, en novembre 1991, de prendre un autre avocat, Me Jean-Claude Guidicelli du Barreau de Toulon. Celui-ci refuse de croire à cette thèse « rocambolesque », « cette thèse de la dictée sous la torture est diabolique et, en ce qui me concerne, je ne participerai pas à une défense diabolique. Ce n'est plus une couleuvre à avaler mais un boa et un arbre ». Selon l'avocat constitué par Latifa, les preuves de l'innocence d'Omar sont dans le dossier : pas de traces d'herbe dans la cave, ni de sang sur Omar. De plus, il ne lui paraît pas vraisemblable qu'après avoir tué Mme Marchal, Omar soit retourné tranquillement travailler. Pourquoi n'a-t-il pas fui en voyant les gendarmes, alors qu'il les a vus de son balcon tourner pendant une demi-heure sous les fenêtres de l'appartement de sa belle-sœur à Toulon ? « Un tel sang-froid, dit-il, ce n'est plus Omar, c'est Landru. » Le scénario diabolique n'a pas fini de mettre de la zizanie chez les défenseurs d'Omar. Pour Me Guidicelli, Ghislaine Marchal frappée sur la tête par-derrière, ses lunettes brisées, s'est méprise sur l'identité de son agresseur. D'où les inscriptions.

Le 7 avril 1993, l'affaire est mise en délibéré par la chambre d'accusation de la cour d'appel d'Aix-en-Provence, composée de trois magistrats. Elle a trois possibilités : renvoyer l'affaire devant la cour d'assises, prononcer un non-lieu, demander un supplément d'information. Les avocats tentent une ultime démarche : dans un long mémoire, ils soulèvent plusieurs causes de nullité de la procédure, notamment l'absence d'interprète lors des premiers interrogatoires. Ils commencent cependant à mettre en doute que les inscriptions accusatrices soient de la main de Mme Marchal : « Si ces lettres ont été tracées par sa main comme l'indique une expertise graphologique contestée par la défense, elles ont été faites en présence de l'assassin qui avait tout intérêt à faire accuser Raddad. » On revient au scénario diabolique.

Me Baudoux commente le contexte de la future décision : « Ce sera les assises ou le non-lieu. En effet, depuis les premières minutes de l'enquête, on est dans une logique d'accusation. Les gendarmes et les différents juges d'instruction ont exploité une seule et unique piste : celle qui mène à mon client. Se laisser aveugler par des indices trop évidents, trop apparents, c'est tomber dans les pièges. En dehors d'Omar, les enquêteurs n'ont personne d'autre dans leur collimateur. Et comme la justice a horreur du vide ! »

Loin de ces subtilités, Omar, dans sa cellule, tente de se suicider en avalant des lames de rasoir. On le conduit d'urgence à l'hôpital.

Juste avant la décision de la chambre criminelle, Me Henri Leclerc se montre confiant dans le renvoi en cour d'assises. Le vice-président de la Ligue des Droits de l'Homme déclare : « J'attends l'audience publique. Les jurés alors découvriront la tangibilité d'un dossier face au fantasme collectif. Il contient des charges suffisantes et très lourdes, des preuves. » Les fantasmes collectifs ! Curieux langage pour l'avocat de Richard Roman !

Dans un article assez surprenant, Marie-Dominique Lelièvre dans *L'Événement du Jeudi* compare justement les deux affaires. Ne va-t-elle pas jusqu'à écrire sans beaucoup de nuance ni d'humanité : « L'émotion suscitée par les deux affaires est de nature différente. Si le meurtre d'un enfant semble horrible, celui, même d'une atroce cruauté, d'une dame riche, une abonnée au *Figaro-Madame*, suscite peu d'émotion. » On n'imaginait pas le journal de Jean-François Kahn capable de montrer si peu de compassion envers les malheureuses abonnées du *Figaro-Madame*. Ghislaine Marchal n'attirait pas vraiment la sympathie. Elle était égoïste, peu chaleureuse. Mais il faut nuancer ce portrait : même si elle était parfois cassante, un peu hautaine, un peu snob, elle est de ces femmes qui se sentent plus à l'aise avec des gens d'un autre milieu social que le leur, et qui sont capables de leur témoigner d'étranges marques d'affection. Ni Latifa, ni Omar, ni l'oncle, Mimoun, n'ont été maltraités par Ghislaine Marchal. Bien au contraire. C'est elle qui se démènera pour obtenir les papiers d'Omar. Cette femme dont l'agonie a été atroce, le principal trait de son fort caractère, c'est d'être solitaire et secrète. Elle aime qu'on lui fiche la paix. Elle fait ce qu'elle veut, quand elle veut. Que ce soit avec sa famille ou ses amis. Elle n'accepte pas qu'on empiète sur sa liberté. C'est sur sa vie mystérieuse que l'enquête a été trop peu curieuse. Non pas pour y rechercher du scabreux ou du scandaleux, mais pour vérifier que ne s'y trouvait pas matière à un crime crapuleux. D'ailleurs, si le témoignage de la femme de ménage fait bien apparaître dès le début que Ghislaine Marchal lui a demandé de ne pas venir à La Chamade car elle allait s'absenter, ce témoignage capital sera bizarrement absent pendant toute l'enquête et ne réapparaîtra que le jour du procès. Trop tard.

Le 14 avril 1993, la chambre d'accusation présidée par Jean-Claude Mistral rend son arrêt : c'est la cour d'assises pour Omar Raddad. Les juges ont-ils conscience d'avoir affaire à « l'une des énigmes les plus mystérieuses de l'histoire de la criminalité », comme l'écrit Paul Barelli dans *Le Quotidien de Paris* ? « Cette énigme digne d'un polar d'Agatha Christie », dit André Luchesi dans *Nice-Matin*. Les arguments de la chambre d'accusation : l'absence d'alibi probant ; et le mobile : l'argent pour aller au casino et voir des prostituées.

Les avocats décident de former un pourvoi en cassation en soulevant une question de nullité partielle de la procédure : celle qui a trait à l'interrogatoire pendant la garde à vue qui s'est déroulée sans interprète.

Mais les avocats vont bientôt voir apparaître un gros calibre du Barreau parisien venu au secours de la défense, ou pour la torpiller, diront certains. À la demande de qui ? Cela va rester longtemps mystérieux et distiller encore du mystère dans cette affaire embrouillée. On a parlé à ce sujet d'une intervention personnelle du roi du Maroc qui aurait souhaité pour son ressortissant l'aide d'un ténor du Barreau. On a évoqué l'insistance d'autres chefs d'État de pays arabes. En réalité, en ce début d'été 1992, c'est le père d'Omar, Abdeslam, qui arrive à Paris en avion, accompagné d'un ressortissant belge d'origine égyptienne, Nisar Sheriff, un voisin de Ghislaine Marchal, qui a employé Omar comme jardinier et éprouve de la sympathie pour lui et pour sa famille. Il appartient au Lion's Club et considère comme un devoir de venir en aide aux défavorisés. Ils se rendent près de la place Clichy, rue de Vintimille.

Une semaine plus tôt, Abdeslam était venu à la propriété de Nisar Sheriff, lui avait tendu un bout de papier froissé en disant : « C'est celui-là qu'il nous faut ! » Sur le papier était griffonné un nom : VERGÈS.

Me Vergès accepte de prendre la défense d'Omar sans demander d'honoraires.

12

VERGÈS : LE CONDOTTIERE DES CAUSES RÉVOLUTIONNAIRES

Qui est Me Vergès ? Certainement l'une des figures de notre temps les plus complexes, les plus mystérieuses, les plus controversées. Son physique étrange de grand mandarin cérémonieux en impose. On ne s'attend pas à des manières aussi courtoises de la part d'un homme qui croit aussi peu aux valeurs de la société, ni à le voir assis derrière un beau bureau sous une tapisserie d'Aubusson, fumant un bâton de chaise, un cigare pur Havane, tout comme un associé de la banque Lazard. Il dégage cette intensité des hommes qui mènent de grands combats, sans concessions mais sans risques inutiles. Il n'a rien d'un *desperado.* Comme personnalité, comme avocat, il est imprévisible. Nul ne peut dire pour qui il plaidera demain. Il peut tout aussi bien s'arrêter et disparaître sans rien dire à personne. Il l'a déjà fait pendant neuf ans. C'est une sorte de dandy romantique des causes révolutionnaires, un Garibaldi que ses origines et le Parti communiste auraient sorti de la vieille Europe et converti aux idées révolutionnaires du Tiers-monde. Vacciné contre les dogmes idéologiques, il n'est pas loin des héros de Malraux, et mûr comme leur créateur pour rencontrer De Gaulle. Peut-être plus encore que l'injustice, il abhorre l'hypocrisie. Il lui a donc été difficile de rester militant dans un parti ou d'être un homme de pouvoir.

Personne n'est plus haï que lui. Non seulement il attire les injures, mais il se plaît à les susciter. De Pierre Bergé à Bernard-Henri Lévy, de Claude Lanzmann à Pierre Vidal-Naquet, de Robert Badinter à Sylvie Caster, en passant par Michel Rocard, Me Paul Lombard, Me Kiejmann, il exaspère la gauche et beaucoup de ses confrères. Le sommet de cette exaspération a été atteint lorsqu'il a accepté la défense de Klaus Barbie. À cette occasion, on l'a accusé de tout : de vouloir à tout prix faire parler de lui, d'agir par antisémitisme, de vouloir indirectement servir la cause palestinienne, etc. Il s'était déjà mis dans un mauvais cas en jugeant hypocrites les critiques des socialistes contre la loi « Sécurité et Liberté » d'Alain Peyrefitte et en se retrouvant sur des positions voisines de celles de l'ancien ministre de De Gaulle à propos de la répression des manifestants de la place Tien Anmen. Pour Vergès, « elle a fait moins de morts que la répression de certaines manifestations en Algérie ». Le pathos des droits de l'homme n'est pas son fort. « La dignité humaine est une chose importante. Les droits de l'homme me semblent une mystification occidentale, socialiste, sioniste. » Il intrigue plutôt la droite qui, quand elle ne voue pas aux gémonies le défenseur d'Abdallah et des terroristes d'Action Directe, s'amuse des foucades d'un trublion qui n'hésite pas à mettre en pièces quelques Tartuffes de gauche. Il aime le gros temps, la houle forte des assemblées et des prétoires. Il ne déteste pas être seul de son avis devant une foule vociférante. Qu'on ne compte pas sur lui pour s'habiller avec le prêt-à-porter de l'idéologie dominante.

Donc on le hait. L'ennui, c'est que Vergès aime ça. Il

aime être haï, entendre pleuvoir les injures, les exclamations furieuses, comme si, au fond, cette haine dont il est l'objet lui rappelait une tendre filiation avec tous les êtres qu'il a aimés : son père, haï par la société coloniale, chassé de ses fonctions consulaires pour s'être mis en ménage avec une Vietnamienne ; sa mère, haïe pour la couleur de sa peau ; haïs tous ceux dont il a partagé les combats et qu'il a vus passer, comme les combattants du F.L.N. ou Nelson Mandela, de la chambre de torture et du banc de prévenu à la voiture officielle et au tapis rouge ; ou ceux, plus nombreux encore, qui n'en sont pas revenus : son ami, Ofana, docteur en sciences économiques, tué dans un maquis du Cameroun, le docteur Moumié, empoisonné par une barbouze française à Genève, le père Camilo Torres, mort les armes à la main dans le maquis colombien, Malcolm X, ou Mohamed Inal, militant F.L.N. mort dans le maquis.

D'où vient Vergès ? Peut-on l'expliquer tout entier, comme l'a fait Robert Badinter, par ses origines de métis humilié par la société coloniale, en Indochine puis à La Réunion ? Comment cette particularité n'aurait-elle pas joué un rôle ? Mais ce n'est qu'un élément qui ne peut éclairer tout à fait une personnalité aussi complexe. Son itinéraire est au premier abord déroutant. Que sait-on de lui ? Qu'il est passé par le Parti communiste dont il a dirigé un mouvement étudiant, qu'il a été l'avocat du F.L.N. et qu'il a pris plus tard fait et cause pour tous les combattants du Tiers-monde, notamment les Palestiniens. On sait aussi, et cela ajoute un mystère à ce personnage qui sent le soufre, qu'il a totalement disparu pendant neuf années de 1970 à 1978. Personne ne savait où il était. On l'a soupçonné d'avoir vécu dans le Cambodge de Pol Pot qu'il a connu étudiant à Paris. Il ne le confirme pas plus qu'il ne le dément, avec une certaine délectation. Il ne déteste pas passer pour le diable. Et que serait le diable sans ses secrets ? Il aime citer un proverbe berbère : « Ton secret, c'est ton sang. Si tu le donnes entièrement, tu meurs. »

Son itinéraire apparaît plus singulier quand on ajoute qu'il s'est engagé dans la France Libre, qu'il s'est battu pour elle pendant trois ans et a été décoré. De Gaulle s'en souviendra qui lui écrira un mot personnel lors d'une demande de grâce d'un combattant du F.L.N. Cet épisode de sa vie, il le gardera secret. Il ne l'évoquera qu'au cours du procès Barbie lorsqu'on l'accusera de complicité idéologique avec le tortionnaire de Lyon. Un gaulliste certes, mais ambigu : « Quand j'étais chez De Gaulle, j'avais de la sympathie pour les communistes. Quand j'étais chez les communistes, j'avais de la sympathie pour les nationalistes des pays coloniaux. » Il est resté fidèle à De Gaulle et au Parti communiste. Jamais il n'en a dit de mal. Ce qu'il a aimé dans De Gaulle, c'est le sens de la grandeur, sa passion pour la France défendue par un général qui désobéit au pouvoir légal de Vichy : l'aventurier de la grandeur.

Bizarrement, cet internationaliste qui se défend de tout cosmopolitisme est attaché aux valeurs et aux identités nationales. Il craint la dissolution de ces identités dans le mercantilisme, l'uniformisation des cultures, l'américanisme. Ses passions intellectuelles et littéraires sont éclectiques. Fervent lecteur de Nietzsche, de Heidegger, de Malraux, de Mauriac, il admire tout autant Aragon que Drieu La Rochelle ou Ernst von Salomon. Il n'est pas un révolutionnaire austère et janséniste : « Je n'ai pas de la révolution une conception misérabiliste. » Il aime la bonne chère, les cigares, les grands vins. Il se moque de Michel Rocard qui croit qu'un révolutionnaire doit ressembler à l'abbé Pierre : « Pour moi un militant révolutionnaire qui aurait la tête de l'abbé Pierre, je m'en méfierais comme de la peste. »

Politiquement, il déteste la social-démocratie. Il la méprise. Il n'a pas de mots assez durs pour elle. Et cela bien avant d'affronter Me Henri Leclerc au procès d'Omar Raddad. Il se plaît à relever les contradictions des gouvernants socialistes français, notamment lors de l'assassinat du président des Comores, Abdallah, par des mercenaires français avec la complicité des autorités françaises qui feront tout pour protéger Bob Denard : « Voilà un gouvernement qui parle des droits de l'homme, qui conditionne son aide au respect des droits de l'homme, mais qui ne respecte pas le droit des coloniaux à la vie. J'ai pour cet *establishment* politique et moralisateur le plus grand mépris. L'humanisme est devenu la marque de la fausse facture et de la compromission. »

C'est ce personnage qui va affronter Me Henri Leclerc, constitué partie civile par la famille de la victime. Me Vergès qu'on dit affamé de publicité ne manque pas d'un certain humour décapant. Ainsi voici ce qu'il écrit à Éléonore de Dampierre, directrice du *Who's Who*, en réponse à sa demande de le faire figurer dans « le dictionnaire des personnalités actives qui contribuent au développement de la France ».

« Madame, je reçois votre invitation et vous en remercie vivement.

« Malheureusement, je dois la décliner, car je ne pourrais supporter longtemps le voisinage de la moitié des occupants de votre annuaire qui représente tout ce que j'abhorre en ce siècle : la culture de l'énarque, l'élégance du parvenu et la morale du faussaire, tous humanistes.

« Avec mes regrets. »

Me Henri Leclerc, vice-président de la Ligue des Droits de l'Homme, tout échauffé encore de l'acquittement de Richard Roman, va avoir du fil à retordre. Car Me Vergès n'a pas pour lui ce respect admiratif de Me Baudoux, le premier avocat d'Omar, qui déclare avant le procès : « Nous n'allons pas dévoiler notre ligne de défense. Me Leclerc est un adversaire redoutable, il n'est pas question de se fourvoyer. »

La présence de Me Vergès est-elle bonne pour Omar ? Il arrive certes avec sa légende, mais aussi avec sa réputation dangereuse : l'avocat des causes perdues, indéfendables. L'homme qu'on choisit à défaut d'arguments, à bout de ressources juridiques, pour tenter de s'en sortir par l'échappatoire du scandale, la mise en accusation de la société. On attend de lui des philippiques contre le racisme, la bourgeoisie, la justice de classe et, pour employer son expression favorite, « un procès en rupture ».

Ce que pense Me Vergès de Me Henri Leclerc, ce n'est pas difficile à imaginer. En tout cas, deux conceptions du rôle de l'avocat, deux philosophies, deux morales politiques vont s'affronter. Me Henri Leclerc va gagner. Mais il va gagner quoi dans la logique de sa vie ? Me Vergès va perdre. Mais il n'a jamais caché qu'un procès ne s'arrête pas au tribunal ni au prononcé d'un jugement : « La réussite d'un procès se juge au sillage qu'il laisse dans l'opinion longtemps après la première audience. »

13

COMMENT SE PRÉSENTE LE PROCÈS

À la veille du procès qui doit se dérouler devant les assises du palais de justice de Nice, comment se présente l'affaire ? À peu près comme si on se trouvait aux premiers jours de l'interpellation d'Omar. On n'a pas avancé d'un pouce. L'accusé n'a pas cessé de nier ; on n'a trouvé aucune preuve de sa culpabilité sinon un trou de trente-six minutes dans son emploi du temps à une heure qui est supposée, seulement supposée, être celle du crime ; on a artificiellement grossi des mobiles. Quant aux expertises, graphologiques, biologiques, sanguines, on ne peut guère s'appuyer sur elles : la seule information que tireront les experts qui ont examiné le peignoir plein de sang de la victime, c'est « l'imprégnation d'ADN féminin ». Aucune empreinte n'a été relevée, ni sur le sac de Ghislaine Marchal, ni sur le chevron de bois, ni sur la barre de fer, ni sur le lit de camp qui bloquait la porte, ni sur l'inscription accusatrice de la cave.

Quant à la procédure, même si on n'est pas un spécialiste du code de procédure pénale, ses lacunes, ses erreurs sautent aux yeux. Bien sûr, il y a le compte rendu impressionniste des gendarmes pendant l'interrogatoire de la garde à vue, sans interprète, avec un Marocain qui comprend un mot sur deux. De cet interrogatoire ressort leur présomption de la culpabilité d'Omar qui va, dès le départ, les détourner de mener de réelles investigations vers d'autres suspects possibles. Ce qui choque le plus peut-être après un examen attentif du dossier, c'est l'absence de rigueur des juges d'instruction. Ils vont couvrir au moins deux graves erreurs, et plus que couvrir puisque c'est eux qui vont donner l'autorisation d'incinérer le corps de la victime juste après l'autopsie sans que le rapport ait été encore rédigé, et donner aussi l'autorisation de détruire la pellicule contenue dans l'appareil photo retrouvé à La Chamade. Peut-être ces photos ne présentaient-elles aucune information intéressante pour l'enquête ? Qui peut le dire aujourd'hui ! Et pourquoi faire procéder à leur destruction ? Dans une instruction, l'usage est de ne procéder à la destruction de certaines pièces qu'à la condition que ce soient des denrées périssables, des éléments putrescibles ou des objets encombrants. Mais des photos, des photos prises dans les jours qui ont précédé le meurtre, au cours desquels Mme Marchal semble avoir eu un mystérieux rendez-vous. Pourquoi ne pas les avoir gardées dans le dossier ?

Ensuite les juges d'instruction ont manifestement trop collé à la thèse des gendarmes. Loin d'essayer de la critiquer, de l'ouvrir à d'autres perspectives, ils ont donné l'impression de se comporter comme si eux aussi voulaient apporter de l'eau au moulin de la présomption des enquêteurs, c'est-à-dire en focalisant les investigations sur Omar au détriment des autres pistes. Ils iront jusqu'à entrer dans la paranoïa des gendarmes — même si ce terme de psychiatrie est une clause de style et ne convient certainement pas à ce corps d'élite qu'est la gendarmerie — en adressant des commissions rogatoires pour faire mettre sur écoutes téléphoniques les principaux témoins, Francine Pascal, âgée de quatre-vingts ans, M Boisson, son gendre, M. Jean-Claude Goldstein et M. Christian Vellard qui seront également placés en garde à vue. De quoi suspecte-t-on ces honorables résidents de Mougins amis de la victime : de former un complot tendant à innocenter Omar ! Pourquoi ? Parce qu'ils se sont efforcés de lui trouver un avocat et qu'ils ne croient pas à sa culpabilité. En quoi y a-t-il un complot ? Ce sont là des méthodes de républiques bananières. On s'étonne que des officiers de gendarmerie et un juge d'instruction aient pu s'y prêter.

Devant ces lacunes, devant ces erreurs manifestes, on semble se diriger vers l'acquittement. Car nous ne sommes pas dans un procès à la sauvette : toute la France, et aussi le Maghreb, particulièrement le Maroc, sont attentifs au déroulement du procès. De plus, étant donné l'origine de l'accusé dans une région où l'on parle souvent de racisme, de bavures policières et de partialité des juges, ce procès va être considéré comme ayant valeur d'exemple. Donc on peut imaginer qu'en haut lieu toutes les précautions ont été prises pour que le déroulement du procès soit impeccable.

Du coté de la défense, il y a quelques cactus. Après le départ de Me Jean-Claude Guidicelli qui ne voulait pas plaider le scénario diabolique, il y a maintenant une légère tension entre les premiers avocats du Barreau de Nice, Me Girard et Me Baudoux, et Me Vergès assisté de Me Pétillault.

Sur quoi repose leur opposition ? Il y a sans doute d'inappréciables raisons psychologiques, de possibles rivalités d'hommes de robe. Des divergences d'appréciation aussi au sein de la famille d'Omar entre Abdeslam, le père, et Latifa, sa femme. A joué un rôle aussi le sentiment qu'éprouvent Omar et sa famille, son père, et sa femme, que les premiers avocats ont été trop peu combatifs et qu'en tout cas ils n'ont pas réussi à obtenir ce qui est pour eux le minimum quand on est innocent : la mise en liberté provisoire. Mais il reste aussi des questions de fond.

Me Vergès conteste en bloc l'expertise des graphologues. Il a constaté des erreurs de procédure non exploitées par les avocats, notamment au cours de la garde à vue. Selon lui, des pistes ont été négligées : la clé de la cave retrouvée dans la boîte à cigares : seul un familier a pu connaître cette cachette ; on ne s'est pas assez intéressé au propriétaire blond de la voiture immatriculée en Suisse, aperçu devant La Chamade, etc.

Entre les avocats, il y a des demandes de rendez-vous restées sans réponse, des blessures d'amour-propre. Une friction opposera les avocats, notamment à propos du pourvoi en cassation adressé par Me Baudoux pour faire annuler une partie des procès-verbaux d'audition d'Omar qui ont eu lieu sans interprète. Me Vergès estimant, lui, qu'il faut y renoncer parce que, d'une part, cette procédure ralentirait la venue d'Omar aux assises et que, d'autre part, Omar ne conteste pas ce qu'il a déclaré au cours de ces auditions — à l'exception de ce qu'il a dit à propos des prostituées.

Le 14 janvier, à dix jours du procès, Omar ne sait toujours pas qui le défendra. Ces dix jours vont renforcer les divergences sur le fond.

« S'il n'y a pas d'accord sur une plate-forme de défense, je ne serai pas au procès », dit Me Gérard Baudoux.

De son coté, Me Pétillault déclare : « C'est Omar lui-même qui nous a désignés. Il a révoqué Me Baudoux. Quant à Omar, je suis allé le voir cette semaine et je peux vous assurer qu'il va bien. Il se fait lire le compte rendu du dossier quasi tous les jours par un codétenu. Surtout, il pense sincèrement être acquitté du meurtre dont il est accusé. »

Quant à l'opinion, régulièrement tenue au courant des péripéties de cette affaire par les journaux, elle réagit assez sainement. Pas de débordements racistes : les adeptes de M. Le Pen se tiennent tranquilles dans une région où ils ont tendance à s'agiter facilement. Les esprits ne s'enflamment pas et restent même étrangement calmes. Cette opinion qui a du bon sens subodore que rien n'a vraiment été éclairci. C'est le point de vue de la presse dans son ensemble toutes opinions confondues.

Aucune pression de l'opinion ne s'exerce. Pas de manifestations. L'esprit public est calme. On semble s'acheminer tout droit vers l'acquittement.

14

« JE M'APPELLE OMAR RADDAD ET J'ÉTAIS JARDINIER »

L'appareil de la justice est impressionnant dans la grande salle des assises du palais de justice de Nice, ce mardi 25 janvier 1994. Il y a foule : beaucoup de Maghrébins, des curieux. La ruée des journalistes spécialistes des procès à grand spectacle. Ils sont plus de cinquante et l'on a dû aménager la salle du tribunal d'instance pour la leur réserver. Le président Djian est derrière son bureau, assisté de deux magistrats, M. Panzani, vice-président, et M. Brossard, assesseur, ainsi que de Mme Danielle Deruwez, greffière. On aperçoit les membres de la famille de la victime, son fils, Christian Veilleux, l'une des sœurs de Ghislaine Marchal, Claude du Granrut, accompagnée de son mari, le bâtonnier du Granrut. Présente également la famille d'Omar, Latifa, sa femme, Abdeslam, son père. Et les neuf jurés qui viennent d'être désignés, quatre hommes et cinq femmes.

Omar est vêtu avec élégance, d'un costume croisé gris et d'une chemise blanche.

Les jurés ont été choisis sur les listes électorales. On en a d'abord retenu trente, puis, après les éliminations, neuf plus deux suppléants.

La greffière lit d'un voix rapide et monocorde l'arrêt

de la chambre d'accusation. Puis la voix du président Djian s'élève : « L'accusé aura le choix de se servir ou non d'un interprète. » Et il passe à l'interrogatoire d'état civil. Omar s'exprimera par le truchement d'un interprète en dépit des pressions de ses avocats qui lui conseillaient de s'exprimer dans son français très approximatif. C'est donc l'interprète qui, d'une voix forte, déclare :

— Je m'appelle Omar Raddad et j'étais jardinier.

Puis il raconte sa vie avec ses frères dans un petit village d'une région montagneuse du Maroc. Il dit qu'il n'a jamais eu l'occasion d'aller à l'école.

— Pas même dans une école coranique ? s'étonne le président.

— Jamais je n'ai appris à lire et à écrire, dit Omar.

— Mais enfin, insiste le président, vous êtes très croyant. On peut s'étonner, alors que la croyance nécessite la lecture du Coran. Connaissez-vous ce proverbe arabe : « Celui qui ne sait ni lire ni écrire doit cacher sa tête dans un trou » ?

Le président répète le proverbe en arabe.

— Pourquoi se cacher ? répond sèchement Omar.

L'interprète commente :

— Il y a beaucoup de gens qui savent dire la prière sans savoir lire et écrire.

Le président Djian reprend.

— Vous êtes né le 1er juillet 1962 au Maroc. Vous avez deux frères et trois sœurs. Vous n'avez fait aucune étude et après votre service militaire vous êtes venu en France en 1985. Parlez-nous des conditions de votre arrivée !

— Toute ma vie, je n'ai jamais eu de problèmes avec la police et avec la justice. Mon père travaillait déjà sur la Côte. Je suis venu en vacances et je m'y trouvais bien. Je suis resté. J'ai connu ma femme par l'intermédiaire de mon beau-père. Je me suis marié en 1987 et j'ai deux enfants.

— Vous parlez suffisamment français pour vous exprimer. Votre femme affirme d'ailleurs que vous parlez très bien.

Omar proteste, toujours par l'intermédiaire de l'interprète.

— Je ne comprends pas tout et ma femme m'a dit qu'elle n'avait jamais dit ça aux policiers.

Et il ajoute :

— J'aurais aimé pouvoir vous parler en français, je sais que cela me serait plus favorable.

Le président Djian, qui n'est pas mécontent de montrer qu'il a vécu au Maroc et qu'il parle arabe, multiplie les incidentes et les anecdotes.

Il continue à mettre en doute qu'Omar ne sache pas parler correctement le français. Il fait appel à l'expert psychiatre, le docteur Roure, qui a eu deux entretiens avec Omar dans sa prison. Celui-ci confirme qu'il ne s'agit absolument pas d'une dissimulation de la part de l'accusé, que son français est réellement approximatif. Il précise :

— Son intelligence est normale-faible, avec une indigence culturelle. Il est calme, il fait confiance à la justice.

À ce début du procès, une question vient irrésistiblement à l'esprit : le président Djian parle-t-il sérieusement ? Peut-il être sincèrement convaincu qu'Omar parle couramment le français et agit par dissimulation ? Il a eu le dossier d'instruction entre les mains. Or, dans ce dossier, dans les premières pages, voici ce qu'il peut y lire : une lettre d'Omar datée du 2 juillet 1991, en provenance de la prison de Grasse, Cellule D2 N° 7392, et adressée au juge d'instruction, Sylvaine Arfinengo :

« J'ai demandé à la police un interprète car je ne parle pas et n'écris pas le français. Je vous demande si possible quand vous m'interrogez je voudrais bien que l'interprète sera présent. Madame le juge vous pouvez demander à madame Pascal où je travaillais pour elle quatre ans vraiment je ne parle pas le français. J'ai peur de signer des choses que je n'ai pas compris. »

Le président Djian n'a-t-il pas noté, lui qui remarque tout, qu'à partir d'août 1991, les procès-verbaux d'interrogatoire font à chaque fois mention de la présence d'un interprète, M. Rolland, interprète près la cour d'appel d'Aix-en-Provence ? Ignore-t-il enfin que les premiers avocats d'Omar, Me Girard et Me Baudoux, ont déposé un pourvoi en cassation visant à annuler une partie de la procédure ? Pour quelle raison ? Pour absence d'interprète au cours des interrogatoires de garde à vue !

L'audience se poursuit. L'expert psychiatre, le docteur Roure, déclare qu'Omar ne présente aucune pathologie : « Il est maître de son côté émotionnel et n'a aucune manifestation d'impulsivité. Il n'est pas dangereux. » Le psychiatre tient à lire les déclarations que lui a faites l'accusé à propos de l'inscription accusatrice « OMAR M'A TUER » : « Si elle a écrit Omar, elle parlait pas de moi. Je pense que c'est pas elle qui a écrit, car pourquoi elle aurait écrit moi ? »

Après l'enquête de personnalité, d'où il ressort qu'Omar est un travailleur « calme et digne de confiance », que c'est « un bon père qui n'est pas violent et ne boit pas d'alcool », le rapport de gendarmerie indique qu'il forme avec son épouse « un couple discret et sans problème ».

— Nous connaissons vos journées, dit le président

Djian avec un sourire fin, mais parlez-nous de vos soirées, de vos loisirs.

Omar reconnaît qu'il lui arrivait de jouer aux machines à sous du Casino-Croisette et qu'il a plus souvent perdu que gagné.

— Vous fréquentiez les prostituées, dit le président.

Omar dément. Le président insiste.

— Pourtant le jeu, l'adultère, c'est interdit par le Coran !

Omar nie à nouveau avoir eu recours à des prostituées. Il cite une sourate du Coran : « Celui qui tue et qui nie, Dieu s'en chargera. »

Le président en vient à la fameuse journée présumée du crime.

— Le dimanche 23 juin, c'était la fête de l'Aïd-el-Kébir et normalement vous n'aviez pas à travailler. Pourtant, vous préférez rester à Mougins et vous occuper exceptionnellement de finir votre jardinage chez Mme Pascal au lieu de retrouver votre belle-famille à Toulon où l'on vous attend pour égorger le mouton.

— J'ai proposé de venir ce dimanche-là pour avoir le lundi et le mardi libre. Le dimanche n'a pas d'importance pour les gens qui ont besoin de travail. Ma femme avait quitté mon logement pour se reposer chez ma belle-mère à Toulon. Le lundi, c'était encore l'Aïd-el-Kébir et chacun fait à sa façon.

— Mais vous êtes resté à Mougins et vous n'avez pas prévenu votre famille.

— Ma famille ignorait quand je viendrais, mais elle savait que j'allais venir. Si j'avais su, je serais parti plus tôt et on ne m'accuserait pas.

Le président interroge ensuite Latifa, la femme de l'accusé.

Elle évoque sa première rencontre avec Omar :

— On s'est rencontré à un mariage, on s'est fréquenté et puis on a eu des enfants. On était très heureux jusqu'à maintenant. Et voilà...

Elle ne dissimule pas que, comme la plupart des couples, ils ont eu des difficultés financières. Elle raconte qu'elle a habité chez Ghislaine Marchal avant la naissance de son premier enfant :

— Ghislaine Marchal était un peu grincheuse. Il lui arrivait de montrer son mécontentement, mais elle n'était pas rancunière.

Quand le président évoque les machines à sous, elle répond :

— Ça le regardait, il gagnait son argent.

Quant aux prostituées :

— Il a bien fait s'il l'a fait. Je venais d'accoucher, il n'y a pas de mal à voir une prostituée dans ces cas-là. Une femme musulmane qui vient d'accoucher doit éviter tout contact charnel durant quarante jours.

Elle ajoute :

— Omar est un bon père et un bon mari, il s'occupait de tout et achetait ce qu'il fallait. Il gérait l'argent du ménage.

Le président :

— Les jeux d'argent et les amours adultères sont pourtant contraires au Coran !

— Vous savez, le Coran, le Coran... s'exclame Latifa.

— Vous avez déclaré que votre mari était incapable de faire du mal à un moustique et pourtant, au Maroc, il a bien égorgé le mouton pour la fête de l'Aïd.

— Ce n'est pas pareil. C'est une pratique religieuse.

Ensuite le président interroge Abdeslam Raddad, le père de l'accusé, qui lui non plus ne veut pas s'exprimer en français et demande un interprète berbère, ce qui provoque un léger incident d'audience. Finalement il consent à s'exprimer en arabe.

— J'ai eu huit enfants. Omar était mon préféré. Il ne m'a donné que des satisfactions.

Le président, avec « une implacable douceur » comme le note Roger-Louis Bianchini, le chroniqueur judiciaire de *Nice-Matin*, poursuit ses investigations sur la face cachée de l'accusé : il évoque une somme de 54 000 francs dépensée deux ans avant le crime, les avances sur salaire demandées par l'accusé à ses employeurs, la chaîne en or de 40 grammes de Latifa qui a disparu, ainsi que les pressants besoins d'argent d'Omar.

À la fin de cette première journée d'audience, on ne peut s'empêcher d'éprouver un malaise : pourquoi le président a-t-il éprouvé le besoin de lier les hypothétiques faiblesses de l'accusé à sa pratique et à sa croyance religieuse. Est-ce habituel dans un procès d'assises de demander à un accusé s'il se rend compte qu'il n'a pas toujours agi en conformité avec les préceptes de l'Évangile, de la Bible ou de la Torah ?

15

LE PRÉSIDENT DJIAN DANS SES ŒUVRES

Le visage large, un double menton, le cheveu roux et court, il a un long nez pointu fait pour renifler les affaires suspectes. Les oreilles décollées, le front plissé, il dégage une impression de ruse. De sa voix douce mais capable de porter loin, il semble s'insinuer dans les consciences les plus rétives ou les plus torves et les forcer dans leurs retranchements intimes. C'est un maniaque de la précision, une manie qui l'amène à surcharger les audiences par la lecture d'arides et fastidieux documents, qu'il semble prendre un certain plaisir à faire durer exagérément. Il est capable de rendre soporifique un procès bien au-delà de la limite autorisée dans les enceintes judiciaires. Pour faire durer le plaisir qu'il prend devant l'impatience de ses interlocuteurs, son débit se ralentit, les mots se détachent de sa bouche avec une lenteur insupportable. Certains avocats qui ont eu souvent affaire à lui pensent qu'il s'agit d'une stratégie qui vise à épuiser l'adversaire, aussi bien avocats que jurés. Car les jurés fatigués sont enclins à réprimer d'avantage. Quant aux avocats, il renoncent à soulever des aspects litigieux mais secondaires du dossier tant ils craignent que le président ne saisisse ce prétexte pour se livrer à de longs et pointilleux développements. Ils abandonnent ainsi insensiblement des points à l'accusation. C'est un homme placide, qui se départ rarement de son calme même sous le feu des provocations. Il est cependant susceptible. Ainsi il ne supporte pas que les avocats essaient de lui donner des leçons de Droit. Il engage alors le fer de manière brusque, rageuse, jusqu'à réduire l'adversaire à quia.

Le président Djian est considéré comme un excellent chef d'orchestre de l'audience judiciaire : il sait parfaitement quels ressorts faire jouer, quels arguments employer pour mettre en valeur ou au contraire disqualifier la déposition d'un témoin. Il sait à quel point devant les jurés d'assises, d'origine plutôt petite-bourgeoise et conventionnelle, est importante la moralité de l'accusé, sa sincérité : ainsi il n'est pas impossible qu'en ce qui concerne Omar il ait tenté de laisser planer un doute sur sa franchise en essayant de mettre en cause son incompréhension du français. Il a agi de même en parlant des prostituées. L'éventualité de la fréquentation des prostituées casse la bonne image de père de famille sans tache et corrobore le mobile : les besoins d'argent. « Si le mépris et la brutalité avec lesquels il interroge l'accusé et ses familiers peuvent surprendre, le président Djian n'élude pas les vraies questions », écrit Régine Magné qui a assisté au procès pour le journal *Sud-Ouest.*

D'où vient le président Djian ? C'est un pied-noir. Il a été avocat en Algérie. Son père était bâtonnier au Barreau d'Oran. Il ne choisira d'entrer dans la magistrature qu'à son arrivée en métropole en 1962. Il sera nommé substitut à Douai, juge d'instruction à Grasse où il s'occupera ensuite des affaires civiles avant d'être nommé Premier juge et vice-président du tribunal de grande instance. Conseiller à la cour d'appel, il préside les assises des départements du Sud-Est.

Il a une très bonne réputation chez ses collèges qui reconnaissent son intégrité. Mais dans les milieux proches de S.O.S.- Racisme, on n'oublie pas que, sous sa présidence, la cour d'assises du Var n'a infligé que huit ans de réclusion à un certain Émile Bonnal, candidat du Front national aux cantonales et aux municipales de Saint-Maximin, meurtrier en 1985 d'un jeune Maghrébin, Djellali Mokhtari, inconnu des services de police, dans des conditions odieuses : on avait retrouvé la victime tuée d'un coup de fusil de chasse avec la médaille qu'il portait autour du cou dans la bouche. Les experts avaient conclu que cette médaille avait été placée dans la bouche de la victime après son exécution. Le meurtrier, responsable de la police municipale de Trets dans les Bouches-du-Rhône, avait bénéficié durant l'enquête d'un grand laxisme puisqu'un gendarme, à qui il avait été dénoncé par un témoin, avait négligé d'en avertir les enquêteurs. Ce meurtrier avait également bénéficié au cours de son procès de l'indulgence de l'avocat général qui s'était surtout attaché à rappeler les brillants états de service de l'accusé dans l'armée, provoquant les protestations de l'avocat de la partie civile, Me Tixier du Barreau de Marseille.

Mais dans le Midi cette mansuétude est chose assez courante. Ainsi, au moment même où se déroulait le procès d'Omar, on apprenait qu'un dénommé Christian Touret allait être jugé pour avoir abattu un ressortissant maghrébin, Mohamed Hamdia, ancien amant de sa maîtresse, de deux coups de fusil de chasse en plein cœur. Incarcéré en décembre 1989, il avait été mis en liberté provisoire en avril 1991. Sans doute bénéficiait-il de cette garantie de représentation que n'offrait pas Omar selon le juge Renard. Ce Christian Touret, jugé le 6 février 1994, était condamné, deux jours après Omar, à six ans de réclusion. Le président Djian présidait la cour d'assises…

Le président Djian a également présidé la cour d'assises qui a condamné dans « une des affaires judiciaires les plus énigmatiques des dernières années » Véronique Akobé, jeune Ivoirienne accusée d'avoir tué à coups de couteau dans des conditions atroces le fils des patrons qui l'employaient comme domestique. Elle avait également tenté de tuer le père. Ce procès provoquera un grand malaise. En effet la jeune Ivoirienne se justifiera de ce crime inexplicable par les viols qu'elle aurait subis de la part du père et du fils. L'avocat général, qui se refusait à retenir le mobile du vol présenté par la partie civile, n'avait demandé que quinze ans de réclusion. L'accusée sera condamnée à vingt ans de réclusion criminelle. Un malaise subsistera. Bien sûr, comme titrera le journal *Nice-Matin*, « le verdict lave l'honneur des Scharr », du nom de l'honorable famille accusée par la jeune Ivoirienne. Décidément le président Djian aura été abonné à la présidence d'affaires judiciaires aussi difficiles que controversées.

Durant la seconde journée d'audience, on va d'abord tenter de voir clair sur les activités d'Omar dans les casinos de la Croisette. Certains employés disent qu'il venait tous les jours, d'autres seulement une fois par semaine. Quant aux sommes gagnées ou perdues, on a du mal à les évaluer. Seule certitude des employés, « Omar était très poli, très gentil, il ne buvait pas d'alcool et se faisait remarquer par sa discrétion ». On ne parvient pas à savoir si l'accusé était un flambeur ou simplement un joueur modeste.

On en vient ensuite à la personnalité de Ghislaine Marchal. On évoque la famille de Renty, ses parents, tous deux déportés dans un camp de concentration dont seule sa mère reviendra. Claude Collin du Bocage, soixante-dix ans, complet bleu et cheveux blancs, un ami d'enfance, a bien connu ses deux maris successifs, qui étaient d'ailleurs des amis. « De cette famille dont elle était si fière, Ghislaine avait hérité le courage, dit-il. C'était une lutteuse qui n'abandonnait jamais. Ce n'était pas une mondaine évaporée. Je crois sincèrement qu'elle aurait été capable de réagir vigoureusement à une agression et de se défendre jusqu'au bout. Je la vois mal écrire sous la contrainte le nom de quelqu'un qui n'aurait pas été son meurtrier. »

Bientôt c'est au tour du fils, Christian Veilleux, de prendre la parole. Les sanglots lui montent à la gorge lorsqu'il évoque sa mère : « Elle avait été très marquée par la déportation de ses parents. Nous avions juste dix-neuf ans d'écart. Autant dire que j'ai eu à la fois une mère et une confidente. J'ai été blessé de lire certains portraits d'elle. Elle était plus discrète que secrète. Pour autant, elle avait un grand respect de ma vie privée. Son assassinat est un drame épouvantable qui continue pour nous. »

Une amie et voisine, Gisèle Konrad, évoque la personnalité de la victime :

— C'était quelqu'un devant qui on ne pouvait rester indifférent. Une femme qui pouvait être adorable et parfois haïssable, qui pouvait vous pousser à bout. Elle me disait souvent avoir atteint la sérénité.

— Et ses rapports avec le jardinier ? demande le président.

— Omar était doux, effacé, il ne nous regardait pas.

— Il avait le regard fuyant, insinue le président.

— C'est difficile à dire, vous savez, je prenais des bains de soleil, alors... Et puis les rapports avec le personnel...

Quant aux fautes d'orthographe, Mme Konrad les évoque :

— Ghislaine faisait des fautes d'orthographe, comme moi, comme beaucoup d'autres personnes. J'en ai retrouvé dans des lettres ou des cartes postales qu'elle m'adressait mais, malheureusement, je n'ai rien conservé.

Portrait que confirme un ami de Jean-Pierre Marchal, Daniel Vinay : « Elle avait un caractère très généreux mais pouvait être assez brutale dans ce qu'elle disait. Elle avait donc beaucoup d'amis et d'autres qui l'étaient moins, sans doute vexés par la façon dont elle avait pu leur parler. »

Tous les amis de Ghislaine Marchal sont unanimes à dire qu'ils ne peuvent l'imaginer écrivant, même sous la torture, une accusation fausse. Son éducation, le passé de sa famille rendent, pour eux, cette éventualité impossible. Quant à la faute d'orthographe, elle leur paraît plausible de sa part : il lui arrivait de faire des fautes d'orthographe. Un de ses amis, Patrick Wallaert, ajoute : « Ce n'est pas au moment de mourir qu'on pense à faire la dictée de Pivot. »

M. Max Robert, son paysagiste, qui s'est occupé des gros travaux dans le jardin de La Chamade, dit que si Ghislaine Marchal discutait âprement les devis, ensuite, l'accord conclu, elle payait sans rechigner. Il conclut : « Elle ne tolérait pas le laxisme. »

L'après-midi va être presque entièrement consacré à l'audition de Liliane Receveau, la femme de ménage de Ghislaine Marchal, dont nous avons vu le rôle qu'elle a joué, au cours de l'instruction, pour conforter les soupçons des gendarmes sur Omar. La cinquantaine, la tête bien droite, les cheveux blonds tirés en arrière, pleine d'assurance, elle évoque sa patronne :

— Je voyais des fois Omar dans le jardin et Madame lui demandait de m'aider à porter des choses. On n'avait pas de problèmes avec Madame, sauf quand on se faisait disputer si on faisait mal notre travail.

On l'interroge sur l'épisode de la disparition des 10 000 francs dans la chambre de Mme Marchal, un mois avant le crime :

— Le jour de la disparition des 10 000, il n'y avait que moi et Omar. J'ai déclaré à Mme Marchal que, si elle pensait que c'était moi, je préférais ne plus revenir.

Omar réagit et se fait entendre par la voix de son interprète :

— Elle ment. Moi, je ne suis jamais allé dans la chambre de Madame.

La femme de chambre parle des demandes d'argent d'Omar qui « irritaient beaucoup » Mme Marchal, « économe et près de ses sous ».

— Il connaissait très bien cette pièce puisqu'il m'avait déjà aidée à transporter des meubles. Je n'aurais pas pu porter une télévision toute seule. Le vendredi, je l'ai vu entrer dans la chambre et dire à Madame : « Donne-moi des sous. » Madame est allée chercher son sac sur le secrétaire en lui faisant remarquer qu'il entamait déjà le mois de juillet. Elle lui a dit qu'elle ne pouvait lui donner que 1 500 francs sur les 2 500 francs qu'il réclamait. Pour se justifier, elle a dit : « Le reste je le dois à Liliane. »

La femme de ménage ajoute, fidèle à sa fielleuse attitude vis-à-vis d'Omar :

— Il a bien vu où elle prenait l'argent.

Puis Liliane Receveau affirme qu'elle se serait éloignée par « discrétion ».

— Moi, je dis que cette personne ment, fait dire Omar par son interprète.

Le dossier révèle que le livre de comptes soigneusement tenu à jour par Mme Marchal, dans lequel elle notait scrupuleusement toutes ses dépenses, ne mentionne qu'une avance de 1 000 francs. C'est ce qu'Omar n'a cessé d'affirmer.

Interrogée sur son emploi du temps, Liliane Receveau va faire sensation en déclarant :

— Après avoir reçu un coup de téléphone, le samedi 22 juin vers 10 heures, qui l'invitait à une réunion ou à quelque chose, ça devait être loin, Madame m'avait donné congé dimanche et lundi. En revenant travailler le mardi, j'ai appris de son fils ce qui était arrivé le dimanche. Je n'ai rien compris à ce qui s'était passé : elle ne devait pas être là. Je ne sais pas s'il a été donné suite à cette invitation.

Me Vergès intervient :

— A-t-on vérifié les communications téléphoniques ?

Le président Djian l'interrompt sèchement :

— C'est le témoin qu'on interroge !

Quelle conclusion tirer de cette deuxième journée d'audience ? Maurice Peyrot dans *Le Monde* apporte un commentaire qui mérite d'être cité : « Comme dans la plupart des dossiers où l'accusation ne dispose pas d'éléments matériels solidement établis, les débats ne portent pas sur quelques faits déterminants, mais s'enlisent souvent dans une foule de détails que chacun voudrait rendre significatifs. Privée de preuve, la procédure inquisitoire a progressivement glissé vers une dérive qui consiste à entourer l'accusé d'une multitude d'incertitudes, afin qu'une somme de doutes puisse se transformer en une solide conviction, par une sorte d'impressionnisme judiciaire. »

C'est bien vu. On peut s'étonner par exemple qu'aucun des parents de Mme Marchal n'ait pu fournir des lettres de la victime dans lesquelles on aurait pu constater cette faute élémentaire. Ni son fils, Christian Veilleux, ni sa sœur, Claude du Granrut, ni son autre sœur Christiane, veuve de Gilbert Beaujolin n'ont produit la moindre lettre. Sur cette dernière, absente à l'audience, le procès se montrera très discret. Elle ne sera pas appelée à témoigner sur sa sœur. Son nom même ne sera pas prononcé. Comme si elle n'existait pas. Comme si tout était concerté pour qu'elle n'existât pas. Craignait-on de voir surgir l'ombre de Gilbert Beaujolin, grand résistant certes, mais dont l'existence fut turbulente puisque son nom a souvent été cité à propos des activités du S.A.C., de celles des réseaux Foccart, du financement du parti gaulliste, et aussi à l'occasion d'un certain nombre d'affaires assez troubles dans les pays africains, où il avait noué des relations commerciales qu'on a dit liées à d'autres d'un genre plus spécial. Ces allégations, Beaujolin les démentira toujours.

On peut également s'étonner que les gendarmes n'aient pas, dès le début de l'enquête, fouillé plus attentivement l'emploi du temps de Liliane Receveau et ne lui aient pas demandé la raison pour laquelle celle-ci n'avait pas travaillé à La Chamade le lundi. On aurait gagné trois années et on aurait pu alors avoir une chance d'y voir un peu plus clair.

16

LA PORTE, LE LIT, LE CHEVRON

Comment a-t-on découvert le crime ?

La troisième journée du procès va être consacrée à l'enquête policière.

Tout d'abord Christian Agatti, agent de surveillance de la société A.G.M. chargée de protéger les luxueuses villas de Mougins, alerté par Francine Pascal, ne trouve rien d'anormal. L'alarme extérieure n'est pas branchée. Tous les volets étaient fermés excepté ceux de la chambre. Le médecin, le docteur Delmotte, également prévenu par Mme Pascal, s'étonne : « C'était bizarre. Tout laissait penser que la propriétaire était là mais elle n'y était pas ! »

Les gendarmes arrivent avec des chiens qui s'activent dans le jardin. C'est le gendarme Jean-Louis Teulière, un grand brun moustachu, au nez cabossé, qui trouve la clé de la chaufferie dans une boîte de cigares dans le secrétaire du salon. Il tente d'ouvrir la porte de la cave et éprouve de la résistance. « J'ai réussi à passer quatre doigts, je les ai fait glisser et j'ai senti un bloc de mousse bordé de métal. C'était un lit de camp. Je l'ai soulevé avec ma main et, en poussant avec le gendarme Martial Liedkte, on a réussi à ouvrir la porte. La pièce était obscure. Sur l'interrupteur, on a vu du sang. On n'entendait rien, ni râle ni soupir. Au fond de la pièce, on a aperçu Mme Marchal. »

Le gendarme Liedkte se livre alors à une simulation pour montrer comment lui et son collègue ont réussi à ouvrir la porte bloquée par le lit de camp ainsi que par un tuyau métallique qu'il « repousse à coups de pied ».

Et le chevron en bois ? « Je ne l'ai pas vu. On m'en a parlé après, dit le gendarme. Le lit et le tuyau métallique seuls ne pouvaient pas bloquer aussi fortement l'ouverture de la porte. » Ce qui signifie que l'utilisation du chevron en bois pour maintenir le tuyau est seulement une déduction des enquêteurs : non une constatation faite par le premier gendarme arrivé sur les lieux.

On fait circuler dans la salle d'audience le plan du sous-sol de la villa, avec la description du corps de la victime, allongée sur le ventre, les bras à la hauteur de la tête, devant la porte de la chaufferie, une prothèse dentaire à deux mètres d'elle, un sac en plastique couvert de sang ainsi qu'une chaussure et une montre Cartier.

Les deux gendarmes répondant aux questions de Me Vergès indiquent que Mme Marchal a tracé les inscriptions, après avoir éteint la lumière, dans une complète obscurité. En tout cas un des deux messages...

Les deux gendarmes affirment qu'il est impossible de bloquer la porte ainsi en la fermant de l'extérieur.

Qui a éteint ? Pourquoi ? Impossible de le savoir. On n'a pas trouvé d'empreintes : « C'est un gendarme spécialisé qui les a recherchées à l'aide d'une lumière stridente. »

Le président Djian précise :

— Il me semble que c'est une technique utilisée pour prendre les empreintes laissées par les pneus de voiture sur une route mouillée.

M. Alain Donche, chef du département des empreintes digitales à l'Institut de recherche criminelle de la gendarmerie, dira qu'il n'a pas même pu trouver d'empreintes sur le sac à main de Mme Marchal. Mais ce sac, il l'a reçu « cinq mois après, sous scellé ouvert ». Il explique qu'il est difficile, mais cependant possible, de relever des empreintes sur un objet en cuir, à la condition que celui-ci soit préservé de l'humidité, de la chaleur et de la lumière. Il dit qu'il était en revanche très aisé de retrouver des empreintes sur le tuyau métallique ainsi que sur le chevron de bois ensanglanté avec lequel le meurtrier a frappé Mme Marchal. Mais on n'a pas jugé utile de les lui soumettre. Il relève qu'il était également possible d'effectuer les mêmes recherches à différents endroits de la cave. Ces recherches d'empreintes n'ont cependant pas été faites. Pourquoi ? On ne le saura pas.

Le docteur Yves Marcelet indique que les échantillons de sang qu'on lui a fait parvenir étaient en quantité trop faible, et de plus parvenus trop tard. Le sang était trop détérioré pour permettre une analyse sérieuse.

Quant au docteur Bernard Leudes, de Strasbourg, il indique qu'aucune empreinte génétique n'a pu être décelée sur le chevron ni sur le tuyau, pas plus que sur les vêtements d'Omar et sur le peignoir de la victime.

Le rapport des experts précise qu'on n'a découvert aucune trace de sang entre la porte d'entrée et celle de la cave à vin, sauf sur les palettes et le rouleau de laine de verre, et également sur un sac en plastique et un carton. Explication des médecins légistes : « C'est possible, son peignoir-éponge très épais ayant absorbé le sang. »

Le maréchal des logis-chef Évrard décrit l'attitude d'Omar après son interpellation, le mardi 25 juin :

— Omar était particulièrement calme lorsque nous l'avons interrogé, un calme assez incroyable pour quelqu'un qui était soupçonné de meurtre. Il répondait bien aux questions, sauf aux plus pointilleuses, comme tous les témoins. Il s'est exprimé sans problème. Il n'a pas demandé d'interprète.

Omar intervient :

— J'étais convaincu que j'allais être libéré. Chez les gendarmes, je n'ai pas très bien compris. J'ai commencé à comprendre chez le juge d'instruction.

On revient à la question des possibilités d'expression d'Omar en français.

Me Vergès s'étonne :

— Il a fallu dix heures d'interrogatoire pour aboutir à taper un procès-verbal de trois feuillets. Cela prouve bien qu'Omar ne devait pas s'exprimer si facilement que cela.

Me Leclerc, partie civile, intervient :

— L'essentiel, c'est qu'il ne conteste pas ce qu'il a dit.

Omar répète qu'il ne conteste pas ses premières déclarations, sauf ce qui a trait à sa fréquentation des prostituées.

— Pourtant, c'est bien ce que vous avez déclaré, coupe le président.

— Je ne l'ai fait que sous la pression des gendarmes. Ils m'interrogeaient depuis des heures, j'étais fatigué. D'ailleurs j'ignore comment on dit « prostituée » en français.

Le président insiste sur un ton ironique :

— Allons, allons, je comprends que vous n'employiez pas le mot « péripatéticienne », mais, qu'on m'en excuse, une « pute », vous savez bien ce que c'est ?

— C'est un mot que j'ai entendu, mais je ne savais pas ce qu'il signifiait.

Une prostituée occasionnelle témoigne à la barre. Elle s'appelle Nathalie B. Elle est enceinte de huit mois. L'accusation l'a fait venir de Moselle. Elle a reconnu Omar sur une photo et dit l'avoir vu sur la Croisette vers le 21 juin 1991.

— À cette époque, je ne me prostituais pas encore. Je l'ai vu trois jours de suite. À chaque fois, il me fixait du regard. Je ne l'ai jamais eu comme client.

Le président cite le témoignage d'une autre prostituée, Fatima B. D'après ce témoignage, il ressort que la jeune femme a reconnu Omar sur les photos qu'on lui a présentées. Il aurait fait l'amour avec elle dans sa voiture pour 300 francs. « Un samedi ou un dimanche matin à 6 heures courant juin 91. » Elle suggère ensuite qu'il n'aurait pas été correct : « Je pense qu'il voulait très certainement tirer un deuxième coup sans préservatif, ou reprendre son argent. » Mais rien de tout cela ne s'est produit. Et la prostituée a préféré ne pas se présenter à l'audience. On la comprend.

Voilà en quoi consiste les seuls témoignages avancés par l'accusation pour prouver qu'Omar fréquentait « assidûment » les prostituées. C'est un scrupule tout à l'honneur des prostituées : aucune, malgré les pressions qu'on imagine aisément, n'a eu le cœur de charger Omar et de participer à la construction d'un coupable. Peut-être ces victimes du destin ont-elles compris que ce qu'on leur demandait, c'était d'accabler une autre victime du destin.

On appelle à la barre Arlette Boisson, fille de Francine Pascal, amie et voisine de la victime. Elle dit qu'Omar « était régulier dans son travail », mais reconnaît cependant que Mme Marchal s'en plaignait parfois à sa mère : « Ton jardinier est encore en retard. »

Puis c'est au tour de son mari, M. Roland Boisson, de

témoigner. C'est un directeur de société de soixante-deux ans. De sa voix de basse, il commence par s'indigner d'avoir été placé en garde à vue par les gendarmes. Puis il reconnaît que l'attitude d'Omar ces derniers temps lui avait paru bizarre : « Il avait le comportement d'un homme qui avait peur. Je lui ai demandé s'il ne faisait pas l'objet d'un racket. Il m'a dit : non. Ensuite il m'a dit qu'il avait envoyé 5 000 francs à sa famille au Maroc, au début du mois de juin 1991. »

Omar répond qu'il ne se souvient pas de cet entretien et nie formellement avoir envoyé de l'argent au Maroc à cette époque.

C'est le tour de Mme Francine Pascal de venir à la barre. Pendant deux heures, sans se troubler, refusant le siège que lui propose le président, elle va répondre aux questions. C'est une charmante octogénaire aux cheveux blancs, vêtue d'un blazer vert pomme. Elle raconte qu'elle a employé longtemps le père d'Omar, Abdeslam, comme jardinier, avant d'avoir recours aux services de son fils.

— C'est moi qui ai présenté Omar à Mme Marchal. Je savais qu'elle avait un caractère entier, qu'elle pouvait être désagréable avec le personnel, mais elle avait également très bon cœur.

Le président Djian :

— Sur quoi fondez-vous, Madame, la conviction qu'Omar ne soit pas coupable ?

— Omar est venu le matin. Je ne peux pas dire à quelle heure exactement. Puis il s'est absenté pendant le déjeuner. Nous nous trouvions dans le jardin derrière notre villa. Ce que je sais, c'est que mon chien Athos n'a pas aboyé au départ d'Omar, ce qu'il fait toujours, et qu'ensuite dans le jardin il est resté près de lui. Si Omar avait tué Mme Marchal entre-temps, s'il y avait eu du sang versé, Athos l'aurait reniflé et ne se serait pas tenu aussi tranquille.

Le président manifeste des signes d'impatience et passe à une autre question sur les besoins d'argent de l'accusé. Francine Pascal évoque le comportement d'Omar :

— Il était nerveux, il avait visiblement un besoin d'argent pressant. Mon gendre m'a même confié qu'il lui donnait l'impression d'avoir peur.

Elle se fait l'écho des reproches de Mme Marchal qui au cours d'une conversation téléphonique lui aurait dit : « Je suis exaspérée par ses demandes d'argent. »

On en vient à sa fameuse déclaration du 12 décembre 1991 qui a fait litige. Francine Pascal fait le récit de la visite des gendarmes :

— Cela s'est passé le lundi 24 juin. Les gendarmes sont venus à mon domicile pour me poser des questions sur Mme Marchal et sur Omar. Cela a duré de 22 heures à 22 heures 50 environ. Avant de partir, ils m'ont annoncé que Ghislaine avait été tuée. Une dizaine de minutes après leur départ, j'ai reçu un coup de téléphone. C'était une voix d'homme qui m'a dit d'un ton très sec : « Il en a fait de belles votre jardinier. Elle l'a écrit avec son sang. » J'ai demandé : « Qui êtes-vous ? » Et il m'a répondu : « Anonyme. » Et la communication a été coupée.

Le président Djian demande à Mme Pascal pourquoi elle a attendu près de six mois pour se confier aux gendarmes.

— Sur le moment, répond-elle, j'étais tellement bouleversée par la mort de mon amie que j'ai oublié cet appel téléphonique. Je m'en suis souvenue une quinzaine de jours plus tard au cours d'un voyage en Savoie.

Le président insiste :

— Vous avez été interrogée à plusieurs reprises. Pourquoi n'avoir rien dit ?

— C'est une déficience de ma part : je ne pensais pas que c'était important.

Le président évoque les écoutes téléphoniques nombreuses effectuées par les gendarmes qui pensaient qu'il y avait une concertation entre plusieurs témoins innocenter Omar. Elle s'exclame :

— Il n'y a eu ni concertation ni connivence. Je regrette seulement de ne pas l'avoir dit tout de suite.

Me Vergès lui demande de parler de « la piste suisse » qu'elle a évoquée devant les gendarmes et dont on a retrouvé trace dans les écoutes téléphoniques où elle confiait à un correspondant : « Je crois que cette histoire est plus importante qu'on ne croit. Il faudrait voir du côté de la Suisse et de l'argent. Les gendarmes sont sur une mauvaise piste, et pendant ce temps l'assassin se balade. »

Francine Pascal, que l'expérience a appris à être prudente, mesure cette fois son témoignage :

— Ghislaine était une grande dame, mais très secrète. Elle ne tenait pas à ce qu'on se mêle de ses affaires.

Elle n'en dira pas plus.

On en vient ensuite à l'audition des témoins susceptibles de confirmer ou d'infirmer l'alibi d'Omar le jour du crime, à l'heure du déjeuner, précisément entre midi et 13 heures 05, heure à laquelle il a toujours affirmé être retourné chez lui au Cannet-Rocheville.

Les deux employées de la boulangerie de Mougins où Omar dit avoir acheté une demi-baguette, une blonde, Mme Corinne Dray, et une brune, Mme Carmela Landra, ne se souviennent pas l'avoir vu dans le magasin. « À midi, il n'y avait plus de pain et une cliente attendait la fournée. La cliente, Mme Thomas, n'a pas croisé Omar. Elle est restée dans le magasin de 12 heures à 12 heures 20. »

Omar précise qu'il existe une autre boulangerie proche.

— Ce sont les gendarmes qui m'ont conduit sur place. J'étais désemparé.

Me Leclerc, partie civile, intervient :

— C'est pourtant vous qui avez désigné ce commerce en déclarant précisément que c'était celui qui n'avait pas de marches à l'entrée.

Me Vergès tient à apporter une précision :

— Ce que je sais, c'est que la vendeuse avait commencé son travail à 4 heures 30 du matin et que le dimanche est un jour d'affluence.

À ce moment, l'avocat général s'adresse à Omar en l'appelant par son prénom.

Me Vergès bondit :

— Omar, non ! Omar Raddad, oui ! Il a un nom. Il pourrait s'appeler Dupont.

M. Jean-Pierre Gaye, trente-trois ans, gérant du magasin Casino situé au rez-de-chaussée de l'immeuble, qu'Omar dit avoir croisé dans la cour en garant son vélomoteur, ne se souvient pas d'avoir croisé Omar.

— Je suis bien sorti à cette heure-là, mais pas seul et je n'ai pas vu l'accusé.

M. Jean Billoti, soixante-sept ans, habitant de l'immeuble, déclare lui :

— Je ne l'ai pas vu, son cyclomoteur non plus : la cour était vide.

Mais il précise : « Dire qu'on ne l'a pas vu, oui ! Dire qu'il n'est pas venu : on n'en sait rien. » Il tient à ajouter : « Si tous les locataires étaient comme Omar, ça irait beaucoup mieux. » Sa femme, qui est restée penchée à sa fenêtre en attendant les beaux-parents de sa fille, n'a, elle non plus, pas vu Omar.

Maryse Muller, qui a employé Omar comme jardinier et qui lui louait son appartement, témoigne :

— Je n'ai jamais eu de problèmes avec lui et je tiens à corriger ce qui a été dit : il ne me devait pas d'argent pour le loyer.

Le président gronde :

— Attention, Madame. Je vous rappelle que vous avez prêté serment.

Maryse Muller maintient ses propos. Elle poursuit :

— Omar n'a jamais eu de réaction violente, il n'a pas le profil d'un assassin sanguinaire.

Le journal *Nice-Matin* résumera cette journée confuse par un titre sur cinq colonnes : « L'échec de la police scientifique. »

17

LE RÉQUISITOIRE DU MAJOR CENCI

« Dans la cave, il n'y avait aucune odeur particulière. En entrant, on apercevait un sac de toile blanche taché de sang, un chevron de bois lui aussi maculé, des chaussures ensanglantées, une multitude de petites taches de sang sur le sol. Au mur, deux taches plus grandes. Sur les portes, l'inscription « OMAR M'A TUER » dont la première a été écrite debout, la seconde plus loin, agenouillée. Dans la chaufferie, deux grandes taches et le cadavre. La mort remontait à plus de trente heures à cause de sa rigidité. Le créneau horaire du crime peut se situer, le 23 juin, entre 11 heures et 14 heures. » Cette journée d'audience, qui commence avec le témoignage du médecin légiste, le docteur Page, arrivé l'un des premiers sur les lieux du crime, va être particulièrement macabre. D'ailleurs les parents de la victime, son fils, Christian Veilleux, et sa sœur, Claude du Granrut, ont préféré ne pas y assister.

— Pouvez-vous nous décrire la position du corps ? demande le président Djian.

— Ghislaine Marchal était à plat ventre, les mains sur la tête, les bras ensanglantés, une phalange d'un doigt détachée. Ses cheveux étaient imprégnés de sang, de même que son peignoir blanc à damiers noirs. Il y avait trois plaies à la tête faites avec un instrument contondant, trois coups violents. Au cou, au thorax, à l'abdomen, six plaies dont une d'éventration laissant s'échapper les anses intestinales. Enfin la victime de l'agression s'était elle-même blessée aux genoux, soit en tombant, soit en cherchant à fuir son meurtrier. Ces blessures étaient en V et elles correspondent aux gestes possibles du criminel. Beaucoup sont des coupures, mais on a pu relever également des piqûres rarement profondes, à part deux d'entre elles qui ont atteint le foie.

Le président demande :

— La victime, sans ses lunettes, a-t-elle pu voir son agresseur ?

— Oui, Ghislaine Marchal a pu reconnaître son agresseur. Ses lunettes de vue rapprochée ne lui servaient qu'à la lecture. À un mètre ou deux mètres de celui qui l'avait frappée, elle ne pouvait manquer de l'identifier.

— La victime a-t-elle pu malgré tout se déplacer ?

— Oui, répond le médecin, car il n'y avait aucune blessure mortelle immédiate. Elle se vidait de son sang.

Le docteur Page indique que le cadavre de la victime présentait « une rigidité complète et des yeux clairs ».

— Combien de temps un cadavre conserve-t-il les yeux clairs ? interroge le président.

— Un temps variable en fonction de multiples conditions et qui peut se prolonger au-delà de vingt-quatre heures, répond le médecin.

On aborde la polémique concernant la première estimation de la date de la mort, estimée, dans un rapport des médecins légistes, avoir eu lieu le 24 juin, entre 11 heures et 14 heures ; date rectifiée au 23 juin, après un coup de téléphone du juge Renard. Une erreur due à une malencontreuse « faute de frappe ».

Me Vergès s'indigne :

— Comme par hasard, c'est exactement entre 11 heures et 14 heures, exactement à l'heure où Omar Raddad nous dit qu'il était sur sa mobylette.

Un débat s'engage sur les expertises permettant de déterminer l'heure de la mort. D'abord la température du corps.

— J'ai palpé, dit le docteur Page, le corps était à la température ambiante.

— Mais vous n'avez pas relevé cette température, s'étonne Me Vergès.

Quant à la rigidité du cadavre : « Elle était totale et elle ne l'est qu'au bout de treize heures », précise l'expert.

Ensuite la question des lividités, ces dépôts de sang qui font apparaître des plaques qui se forment entre la troisième et la cinquième heure. On les déclare alors « fixées » quand elles ne disparaissent pas à la pression du doigt ou lorsqu'on retourne le cadavre. Le docteur Page a bien remarqué ces lividités en examinant le cadavre la première fois. Mais il ne les a plus évoquées que dans son troisième rapport effectué à la demande de la défense.

Me Vergès souligne les erreurs de manipulation :

— En plus, le transport du corps à la morgue a duré quatre heures et a été effectué sur le dos, c'est-à-dire retourné.

Et l'avocat fait citer un expert auprès des assurances-vie, le docteur Xavier Le Poivre (dont nous avons cité le rapport page 36) qui déclare :

— Il n'y a rien de plus dangereux que de vouloir tout expliquer et tout faire cadrer. J'ai relevé des discordances dans les rapports des légistes et des éléments aussi sommaires ne permettent pas de donner une heure aussi précise.

— C'est une fourchette, personne ne peut dater exactement une mort, se défend le docteur Macario. Il n'y a que dans les séries américaines que le médecin légiste arrive et dit : « La victime est morte à telle heure. » Et puis nous nous servons aussi d'éléments fournis par l'enquête, comme ces coups de fil auxquels la victime n'a pas répondu.

Cette dernière phrase laisse l'assistance éberluée.

— D'après les blessures, l'agresseur aurait-il été taché ? demande le président aux experts.

— Pas nécessairement, répond le docteur Macario, le peignoir en tissu éponge a pu absorber le sang.

Quant à l'arme du crime, le docteur Jean-Marie Menard affirme qu'il s'agit d'une « lame effilée à double tranchant, longue de 20 centimètres et d'une largeur maximum de 2 centimètres : d'un couteau de type cran d'arrêt ».

Le président Djian fait présenter à l'expert et à l'assistance l'une des pièces à conviction, le coupe-haie saisi dans le local où Omar rangeait ses outils. C'est une cisaille dont chaque branche mesure une quarantaine de centimètres. Le président insiste sur le fait que d'autres experts y ont décelé des traces de ce qui pourrait être du sang animal. Mais l'expert rejette catégoriquement cette hypothèse : la cisaille ne peut être l'arme du crime. « La pointe a éventuellement pu être utilisée pour les blessures superficielles, mais pas les plus profondes : le talon de la lame est trop large », précise le docteur Macario.

C'est au tour de l'adjudant-chef de gendarmerie Cenci de se présenter à la barre. C'est lui qui a mené l'enquête des gendarmes. C'est un conteur qui a de la faconde, peut-être un peu trop eu égard aux circonstances. Après avoir énuméré les lourdes charges qui selon lui pèsent sur Omar, il donne sa version des faits :

— Omar Raddad se rend à la villa. Il ne veut pas tuer Mme Marchal. Il veut lui demander une nouvelle avance sur son salaire. Mais elle était descendue dans la buanderie pour s'occuper d'Oscar : c'est ainsi qu'elle appelait l'engin flottant régulateur du débit d'eau de sa piscine. Il descend la rejoindre dans cette cave. Une discussion orageuse s'engage. Il exige de l'argent, elle refuse. Elle doit le chasser. C'est là qu'Omar décide de tuer Mme Marchal. Il va s'emparer d'un chevron. Elle se porte à sa rencontre. Il lui assène un coup sur la tête. Puis il va remonter chercher les cisailles dans son local pour l'achever. Laissant sa victime pour morte, il va voler l'argent dans son sac à main resté dans la chambre avant de reprendre son cyclomoteur pour aller téléphoner à son épouse. Mais il ne savait pas que pendant ce temps-là Mme Marchal employait ses dernières forces pour écrire « OMAR M'A TUER », se barricader dans la cave et écrire le second message inachevé.

L'adjudant-chef assortit son récit des faits d'accusations qui vont faire bondir Me Vergès.

— J'ai cru entendre un véritable réquisitoire.

L'avocat général Farret intervient. Il demande à l'adjudant-chef pourquoi les investigations vers un possible suspect résidant en Suisse, M. Michel T., n'ont pas été poursuivies.

— Cette personne ne présente aucune ressemblance avec Omar Raddad, dit naïvement l'enquêteur.

Me Vergès prend la Cour à témoin :

— Je ne dis pas que le témoin soit de mauvaise foi, je ne le dirais pas même si je le pensais. Le problème, c'est de voir un officier de gendarmerie vous dire au départ : foin de la présomption d'innocence, je sais qui est le coupable.

À cet instant, l'accusation va se diviser. Me Leclerc,

partie civile, qui a senti la faiblesse de l'argumentation de l'adjudant-chef Cenci visant à faire de la cisaille l'arme du crime, y va lui aussi de son explication :

— L'accusé a pu monter chercher un couteau de cuisine, s'exclame-t-il.

Un couteau de cuisine à double tranchant ! L'ancien responsable du P.S.U. n'a pas dû fréquenter beaucoup les cuisines.

18

LES PORTES QUI ACCUSENT

La première audience est consacrée à l'audition de deux témoins, M. Jean-Claude Goldstein et M. Christian Vellard qui affirment avoir conversé une demi-heure le jour supposé du crime devant le portail de La Chamade, et de n'y avoir vu entrer personne. Leur déposition tardive devant les gendarmes, deux mois après l'assassinat, les a fait suspecter d'avoir participé au « complot » visant à innocenter Omar. Ils ont donc été placés en garde à vue et placés sur écoutes téléphoniques. Ils ne feront que répéter ce qu'ils ont dit aux gendarmes. M. Christian Vellard s'explique sur les raisons pour lesquelles il s'est confié aux enquêteurs :

— Je me suis dit : nom de Dieu, ce mauvais musulman qui joue et qui va aux putes, s'il était passé sur le chemin, on l'aurait vu, moi le bon catholique, l'autre le bon juif.

Quant à Omar, il répète :

— Ce qui s'est passé dans la cave ne me regarde pas, et il n'y a que celui qui a assassiné Mme Marchal qui puisse en parler.

Soudain en début d'après-midi dans la salle d'audience, on sent un frémissement. Un huissier vient de défaire les emballages en plastique vert qui dissimulaient les deux portes de la cave : les inscriptions accusatrices en lettres de sang apparaissent devant l'assistance. Le meurtre n'est plus un problème abstrait à propos duquel on se dispute. Il acquiert soudain une présence presque insoutenable.

— Montrez les portes à l'accusé, ordonne le président Djian.

— Je vois comme tout le monde. En quoi cela me concerne-t-il ? demande Omar.

M. Gilles Giessner, expert graphologue d'Aix-en-Provence, confirme sa première expertise réalisée en comparant ces lettres aux grilles de mots croisés remplies par la victime.

— Les deux écritures sont du même auteur. Sur la première porte, il est à genoux, il a encore des forces vives. Sur la deuxième, il est allongé. Le texte subit une pente et le message est arrêté au maximum d'extension de son bras. Il ne dispose plus de la mobilité. Un contrefacteur ne pourrait pas gérer à la fois le respect des formes et l'affaiblissement physiologique.

Me Vergès fait alors circuler aux jurés, au président et à ses assesseurs, à l'avocat général et à la partie civile, les photocopies d'un assemblage de sept lettres différentes tirées des majuscules écrites par Mme Marchal dans ses grilles de mots croisés. Avec ces lettres, il a recomposé le message accusateur. Il veut ainsi mettre en évidence que la ressemblance des lettres n'est pas convaincante.

L'expert se justifie en disant que la graphologie n'est pas une science exacte.

— Ces phrases ont-elles pu être écrites sous la contrainte ? demande le président.

— Il n'y a aucun signe de terreur prouvant que Mme Marchal a écrit sous la contrainte morale, et si elle avait subi une contrainte physique, nous aurions l'écriture de celui qui tient sa main. Ici, sans faire entrer la notion de preuve comme en Grande-Bretagne, nous avons la notion d'évidence. Les dix lettres employées dont sept utiles O M A R T U E se retrouvent dans les spécimens de mots croisés auxquels nous les avons comparées.

Me Vergès s'exclame :

— Où est donc cette certitude terrible que cette écriture est de Mme Marchal ?

L'avocat général demande quel est le pourcentage de certitude dans ces conclusions.

M. Giessner répond qu'il y a bien deux chances sur trois pour que ces lettres aient été tracées par Mme Marchal.

Me Vergès s'approche des jurés.

— On vous dit que pour deux tiers Omar est coupable et pour un tiers innocent.

Mais comment Mme Marchal pouvait-elle s'appuyer sur sa paume gauche — comme l'affirment les graphologues — malgré un doigt fracturé et une phalange presque détachée ? La question reste sans réponse.

On voit réapparaître l'adjudant-chef Cenci qui répète qu'il est impossible d'avoir effectué une mise en scène pour barricader la porte de la cave. Lors d'un transport sur les lieux du crime, les premiers avocats d'Omar avaient tenté de prouver qu'on pouvait refermer la porte en la bloquant avec le lit de camp. Mais le procès-verbal du juge d'instruction précise qu'il fallait alors une pression moindre pour l'ouvrir.

— Au début, nous pensions que c'était le tuyau métallique qui avait bloqué la porte. Mais plus tard nous avons constaté qu'il fallait un autre mécanisme pour la bloquer aussi fort. D'où la nécessité d'employer le chevron.

Fin des témoignage des experts. Ce procès n'aura pas été à leur gloire. L'incertitude des premiers jours de l'enquête demeure.

Le lendemain, on passe aux réquisitoires et aux plaidoiries.

Tout d'abord on donne la parole à Omar.

— Je n'ai pas tué Mme Marchal, j'ai fait deux mois et demi de grève de la faim pour prouver mon innocence. Je ne pense pas que Mme Marchal ait écrit mon nom. Celui qui a fait ça a voulu me désigner, il a monté un scénario et a dû réfléchir longtemps pour préparer son coup. J'attends que Dieu fasse apparaître la vérité.

En attendant, c'est Me Henri Leclerc qui apparaît. Il plaide pour la partie civile au nom du fils de la victime, Christian Veilleux.

Cette plaidoirie de l'ancien avocat de Roman va mettre en valeur ses talents d'homme contradictoire.

— C'est le bâtonnier du Granrut qui m'a confié cette affaire et il savait que rien ne serait dit contre cet homme parce qu'il est ce qu'il est. Il est accusé présumé innocent, il a le droit au bénéfice du doute et il doit être jugé sur des certitudes. [...] Quel besoin aurait la partie civile de faire condamner un innocent ?

Il expose ses convictions « basées non sur des hypothèses mais sur les faits du dossier ». Il se penche sur la deuxième porte où les lettres deviennent presque illisibles : « Alors on entre en agonie, on fait son terrier pour y mourir. » Puis il revient aux faits : « Nous savons qu'à 11 heures 29, le dimanche, elle téléphone jusqu'à midi moins le quart. Et plus tard on trouvera chez elle la vie comme arrêtée [...] A-t-on tellement besoin des experts pour déterminer l'heure de la mort, alors qu'elle a disparu entre midi et 13 heures 30. »

Se gardant de noircir l'accusé, il dessine le portrait

d'un homme aux abois : « Combien a-t-il perdu pendant cette période où il reçoit des avances, deux fois de 2 500 francs et une fois de 1 000 francs ? De combien avait-il besoin pour rembourser je ne sais qui ? [...] Normalement, Omar Raddad ne travaille pas le dimanche et il a travaillé, il ne déjeune pas chez lui quand sa femme n'est pas là et c'est ce qu'il a fait. »

Il pindarise un peu dans sa conclusion :

— Je plaide sans haine. Je suis désespéré. J'ai longtemps réfléchi, hésité, tâtonné. Mais j'arrive à l'évidence : Ghislaine Marchal est morte dans sa cave et son meurtrier l'a laissée pour morte. Je pense à cette femme qui va mourir en écrivant dans cette cave après s'y être enfermée ces derniers mots écrits de cette main qui meurt : « OMAR M'A T ».

Certes il a « tâtonné », mais pas longtemps, puisqu'il a accepté d'être partie civile dès le début juillet 1991, alors qu'on ne connaissait les résultats d'aucune expertise.

L'avocat général, Bernard Farret, prononce ensuite d'une voix sépulcrale son réquisitoire. Il résume l'affaire d'une formule lapidaire : « Une rencontre entre Omar aux abois et Mme Marchal, hautaine et cinglante, ça a pu être explosif. »

Il s'efforce de dissiper la mauvaise impression laissée par les erreurs et les imprécisions de l'enquête :

— J'ai entendu dire qu'on avait exclu que ce meurtre puisse être le fait de quelqu'un d'autre. Mais on a entendu d'autres personnes. On a cherché s'il s'agissait d'un meurtre sexuel, familial, ou passionnel. Eh bien, c'était non. C'est vrai que les empreintes n'ont pas été relevées sur le chevron de bois, mais partout ailleurs les gendarmes ont cherché et n'en ont pas trouvé. Cela ne m'étonne pas. Car il n'y en a que dans les livres et pas dans les dossiers. Car on nous dit toujours, ce n'est pas le bon matériau ou encore l'empreinte n'est pas bonne. Résultat : il n'y a jamais d'empreintes.

Il balaye d'un revers de main l'alibi de l'accusé :

— Il y a bien ce coup de téléphone à Toulon à 12 heures 51. Est-ce bien lui qui l'a passé ? Mais de toute façon il est tout à fait compatible avec le meurtre. Omar Raddad pouvait très bien être à 12 heures au travail et à 12 heures 51 dans la cabine. Il lui restait alors quarante minutes pour commettre son crime.

Enfin il conclut :

— Vous retiendrez l'absence de préméditation, d'antécédent judiciaire et je vous demande de condamner Omar Raddad à une peine de dix-sept à vingt ans de prison.

Me Pétillault dans sa plaidoirie souligne les vides du dossiers. Il s'adresse aux jurés : « Vous devez dire non à cette enquête bâclée. » Il conclut : « Ce procès est celui du doute. Si vous condamnez Omar Raddad, ce sera celui de la honte. »

19

VERGÈS PLAIDE EN CONNIVENCE

Les chroniqueurs judiciaires sont unanimes à écrire que Vergès les a déçus pendant le procès. Sandrine Briclot résume bien leur opinion dans *Le Quotidien de Paris* : « Que penser d'un avocat qui ne contre-attaque pas, qui ne se mêle que de loin aux discussions d'experts, qui n'a pas un regard pour son client et qui n'appuie pas les témoignages en sa faveur ? Est-il un saboteur ? » Les journalistes pensaient que ça allait barder. Ils attendaient des incidents d'audience, des rappels à l'ordre, des provocations, bref tout l'arsenal habituel de cet avocat qui aime ruer dans les brancards judiciaires. Les procès ne sont pas si gais que cela. Il est bon d'avoir un peu de spectacle et d'anticonformisme. Dans ce domaine, personne n'a jamais fait mieux que Me Vergès. Aussi pensait-on à une subtile stratégie : Vergès se gardait pour sa plaidoirie. Quelle aubaine pour un critique aussi mal intentionné que lui : un procès qui semble prendre l'eau de toute part, une procédure dont les observateurs ont relevé les défaillances, ces gendarmes dont on a dit qu'ils avaient été incapables de trouver une empreinte, ces juges d'instruction accusés par la défense de manifester si peu de curiosité. Me Vergès les a écoutés, ces gendarmes, sans les mettre en pièces, sans les humilier en relevant leurs erreurs. Quel malin plaisir il allait prendre dans sa plaidoirie à régler son compte à cette soi-disant mauvaise caricature de procès.

Or sa plaidoirie va être, elle aussi, modérée. Est-ce parce que Me Vergès était, comme l'imagine Pierre Bois dans *Le Figaro*, « gêné par la présence de Me Leclerc et surtout par celle du bâtonnier du Granrut, beau-frère de la victime, dont la réputation de modération et de sérieux n'est plus à faire au Barreau de Paris » ? Cette interprétation a dû faire sourire ce diable de Vergès. On peut accuser de beaucoup de turpitudes le défenseur de Klaus Barbie, mais vraiment pas d'être gêné par la présence d'un gauchiste en peau de lapin et d'un bâtonnier inquiet. Il en vu d'autres, Vergès, et d'un peu plus coriaces ! D'ailleurs il ne se privera pas d'évoquer « ce procureur d'occasion pour qui les droits de l'homme sont un fonds de commerce qui n'ouvre pas le dimanche », et d'ironiser sur « l'accusation bicéphale de la partie civile et du procureur ».

En réalité, bien avant cette plaidoirie, Me Vergès, répondant à Me Pétillault, qui lui proposait de mettre les pieds dans le plat, lui avait tenu ce langage : « Ce n'est pas un procès de rupture. C'est un procès de connivence, c'est-à-dire où on discute du dossier : nous avons les moyens de prouver l'innocence d'Omar. Si nous faisons des incidents, nous allons braquer les jurés qui sont de petits bourgeois respectueux de l'ordre, respectueux des notabilités, respectueux de l'uniforme. Tout incident trop dur va me faire apparaître comme ma caricature. Les mêmes journalistes qui me critiquent vont me reprocher d'avoir braqué les juges. Nous avons les moyens de convaincre les jurés et cela sur trois points : la date du crime, le chevron, l'écriture. Notre but, c'est de convaincre. »

Me Vergès pendant deux heures va donc plaider sur le dossier :

— Les graphologues devraient être écartés des tribunaux au même titre que les cartomanciennes. Rappelons-nous que c'est le centième anniversaire, cette année, d'une magistrale erreur judiciaire. Le capitaine Dreyfus s'était vu lui aussi accuser. Pas par n'importe qui. Par Bertillon qui fait encore autorité. Rappelons-nous les faux mémoires de Hitler, l'affaire de la Vologne où un contremaître est mort à cause de son écriture de contremaître. Ne croyez-vous pas que cela suffit ? Que la France ne peut pas être le recordman d'Europe de l'erreur judiciaire ? Une erreur judiciaire qui, comme dans tous les cas, commence toujours par la faute impardonnable d'un enquêteur qui suit une hypothèse. L'écriture n'est pas celle de Mme Marchal. C'est celle d'un homme qui en a imité le graphisme. Mais qui est cet homme, allez-vous me dire ? Mais ce n'est pas mon rôle. Je ne suis pas un avocat américain. Je n'engage pas de détective. Je ne suis pas responsable si la police n'a pas été au bout de sa tâche, je ne suis pas officier de gendarmerie.

Il conteste les expertises médico-légales sur l'heure du meurtre, et relève leur caractère approximatif : « On nous a dit trente heures avant la découverte. C'était pour faire coller l'heure du crime à l'emploi du temps d'Omar. On nous a dit : Omar jouait au casino, il fréquentait les prostituées, il avait donc besoin d'argent. Moi je dis que ce n'est pas un argument pour des jurés de France. Il a travaillé le dimanche, c'est grave, puisque c'est inhabituel, et ça fait de lui un assassin. Voilà ce que nous dit un procureur d'occasion pour qui les droits de l'homme sont un fonds de commerce qui n'ouvre pas le dimanche. Omar est calme, alors il a le calme d'un assassin. Quoi qu'il fasse, il est coupable. Voilà ce que c'est que l'acharnement. » Il réfute les contestations de l'alibi de l'accusé, puis remet en cause l'ordre des blessures de la victime. Il lui semble peu vraisemblable que « l'assassin n'ait pas achevé une victime qui risquait de le dénoncer ».

Selon l'avocat, il faut chercher la clé du mystère dans le coup de téléphone reçu par Ghislaine Marchal deux jours avant le crime. Mme Marchal a reçu un familier discrètement. C'est ce familier qui a tracé les inscriptions avec une main gantée, ce qui expliquerait l'absence d'empreintes ainsi que la position de la victime : jambes écartées, peignoir relevé, bras croisés au-dessus de la tête. Cela ne correspond pas à la description d'une femme qui a rampé, mais à celle d'une femme dont le corps a été traîné dans la cave.

Me Vergès conclut en plaidant l'innocence de l'accusé et en manifestant de la compassion pour la famille de la victime :

— C'est vrai qu'au cours de ce procès j'ai appris à respecter les parties civiles dans leur malheur. Un être humain, disait Shakespeare, est comme la feuille qui doit être froissée pour en apprécier l'odeur. Mais Mme Marchal a-t-elle besoin d'un coupable de contrebande ? N'est-ce pas l'insulter que de lui proposer une thèse bricolée. Vous ne pouvez pas condamner quelqu'un sur rien, ayez le courage civique de dire simplement non. Acquitter Omar, ce serait honorer la France.

Juste avant que la Cour ne se retire pour délibérer, Omar Raddad se lève, dans son costume croisé gris. Dans un français hésitant, il proclame :

— Ce n'est pas moi qui ai tué Mme Marchal. Mme Marchal m'a fait beaucoup de bien. Elle était comme une mère. C'est pour rien que j'étais en prison.

Il est 11 heures 30 ce vendredi 4 février. La Cour et

les jurés se retirent pour délibérer : quatre femmes, cinq hommes, trois magistrats. Ils vont faire attendre leur décision pendant six heures et demie. Ils doivent répondre à quatre questions.

Première question : « Omar Raddad est-il coupable d'avoir porté des coups et blessures volontaires à Mme Ghislaine Marchal ? »

Deuxième question : « Si oui, ces coups et blessures ont-ils entraîné la mort ? »

Troisième question : « Ces coups et blessures ont-ils été portés dans l'intention de donner la mort ? »

Quatrième question : « Si la réponse est oui, ces violences ont-elles été exercées à l'aide d'une arme ou sous la menace d'une arme ? »

Que s'est-il passé dans la salle des délibérations ?

Voici le récit d'un juré recueilli par Antoine Casubolo tel que l'a publié l'hebdomadaire *V.S.D.* poursuivi par la justice pour violation du secret des délibérations.

La minorité des jurés qui ne croit pas à la culpabilité d'Omar se regroupe dans la salle des délibérations : « Instinctivement, nous nous sommes assis côte à côte. Mais comme par hasard, un des deux assesseurs est venu nous rejoindre pour se coller à nous. »

« C'est facile de savoir ce que pensent les autres, estime un autre juré. Pendant les interruptions de séance, on se rendait bien compte qu'il y avait une ambiance anti-Omar. En fait, ceux qui suivaient le président s'exprimaient le plus. Les autres comme moi restaient dans leur coin. Pendant le procès, deux des plus silencieux ont abandonné, prétextant des ennuis de santé. Ça m'a fait mal, parce que je suis sûr qu'ils étaient comme moi bouleversés, et qu'ils se sont retirés pour ne pas avoir à prendre parti. »

« D'abord le président nous a donné la parole à tour de rôle pour que chacun puisse donner une première impression. Puis nous avons discuté point par point les charges retenues contre Omar. Quand tout le monde s'était exprimé, le président reprenait la parole. Si quelqu'un avait exprimé un doute quant à la culpabilité d'Omar, on reprenait l'ensemble des faits. Gentiment, calmement, avec des mots simples. C'était très subtil et très long. On ne se sentait pas forcé, ses arguments portaient et à la fin on ne savait plus quoi penser. »

Le juré conclut : « J'ai voulu faire mon devoir, mais si c'est ça la justice, bravo ! »

Six heures et demie de délibération, est-ce habituel ? Si on veut un élément de comparaison, prenons l'exemple d'un jury d'assises qui s'est réuni quelques jours plus tard à Aix-en-Provence pour juger onze personnes soupçonnées dans ce qu'on a appelé l'affaire des « égoutiers » du casse de Nice : pour onze accusés, deux heure et demie de délibération ont suffi. Quant à la « démission » et au remplacement des jurés au cours du procès, il faut admettre que c'est rare, très rare. Un haut magistrat nous indique qu'au cours de 63 vacations aux assises, il n'en a pas connu un seul exemple.

Le verdict tombe : Omar Raddad est condamné à dix-huit ans de réclusion criminelle.

Debout dans son box, le jardinier est blême, sans réaction. L'interprète vient de lui traduire le jugement

Latifa, sa femme, s'effondre en larmes et s'évanouit dans les bras de ses frères. Me Pétillault tente de la calmer. Elle hurle en proie à une crise de nerfs : « Je vous hais, je vous hais, je veux mon mari, je veux mourir. »

Le père d'Omar, Abdeslam, sanglote.

Dans la salle où l'assistance s'attarde, choquée, Me Vergès s'insurge :

— Aujourd'hui, on condamne un jardinier parce qu'il est marocain. Mais la bataille n'est pas finie. Nous allons déférer cette décision devant la justice, mais aussi devant le peuple français. Il y avait devant nous, sur le banc de la partie civile, un représentant de la Ligue des Droits de l'Homme. Voilà ce que les humanistes ont fait. Si des gens ont trahi leur idéal aujourd'hui, ce n'est pas nous. J'ai cherché S.O.S.-Racisme et le M.R.A.P., je ne les ai pas vus : il va falloir créer une autre ligue, celle des petits jardiniers marocains.

La foule applaudit.

« J'ai honte d'être français », hurle un homme. « Il a été jugé sur son nom », proteste quelqu'un.

Le procureur général Farret doit sortir sous escorte.

Quelques instants plus tard, l'audience reprend pour l'action civile. Me Leclerc demande un franc de dommages et intérêts.

Me Vergès s'exclame :

— La défense n'a rien à dire dans ce procès de la honte.

Le président Djian intervient :

— Vous n'avez pas à commenter une décision de justice.

Me Vergès :

— Je ne commente pas, je dis simplement que je ne rentre pas dans ce débat. Demandez ce que vous voulez. Je dis qu'une autre bataille s'ouvre.

Dans la salle des pas perdus du palais de justice, où attendent les journalistes et la foule des curieux, devant les caméras de la télévision, Me Vergès fait une autre déclaration :

— Il y a cent ans, on condamnait un capitaine parce qu'il était juif. Aujourd'hui, on condamne un innocent parce qu'il a le tort d'être maghrébin.

L'affaire du crime de Ghislaine Marchal s'était officiellement close avec la condamnation d'un coupable. L'affaire Omar commençait.

20

« UNE NOUVELLE AFFAIRE DREYFUS »

La déclaration de Me Vergès comparant l'affaire Omar à l'affaire Dreyfus va faire scandale.

Au lendemain du procès, les réactions ne se font pas attendre. Elles sont de deux ordres : les unes mettent en cause l'avocat, les autres la condamnation et le système même des cours d'assises.

Contre Vergès les attaques fusent. Il a mal défendu Omar. Pourquoi cette modération inhabituelle ? Et d'ailleurs ceux-là mêmes qui sont partisans de l'innocence d'Omar se demandent pourquoi l'avocat de Klaus Barbie, de Jacques Médecin, d'Abdallah et d'Action Directe a eu la mauvaise idée de s'emparer du dossier : lui qui ne défend d'ordinaire que des coupables n'a pu qu'indisposer les jurés et l'opinion. Il a fait peser sur l'accusé le poids de sa réputation de défenseur de l'indéfendable.

Un autre soupçon grave pèse sur Vergès : n'a-t-il pas « saboté » sa défense pour rebondir dans une dénonciation plus générale du système judiciaire français ? Cette hypothèse était séduisante. On pouvait imaginer que l'avocat, pas forcément consciemment, se soit bridé dans son action afin de mieux rebondir après le procès, trouvant ainsi un formidable prétexte à un réquisitoire global contre la justice. Et cela d'autant mieux qu'Omar est manifestement innocent du crime pour lequel on l'a condamné. Cette hypothèse aujourd'hui ne semble plus tenir. Il paraît même certain que Vergès a été convaincu d'emporter l'adhésion des jurés. Il a cru, naïvement, que le dossier vide parlerait de lui-même et que tous ses efforts devaient au contraire porter à ne pas indisposer les jurés et à se faire oublier.

Un autre avocat aurait-il obtenu gain de cause ? C'est ce qu'a laissé entendre, dans une déclaration à *France-Soir,* Me Baudoux, premier avocat d'Omar, qui à la suite d'un désaccord avec Me Vergès avait renoncé à plaider. L'avocat pense qu'il est très présomptueux de dire qu'il aurait obtenu l'acquittement : « J'estime pourtant que nous aurions évité certaines lourdes erreurs d'ordre psychologique sur lesquelles je ne m'étendrai pas et que nous aurions marqué des points importants. Nous étions les mieux placés pour cela. Pourquoi ? Parce que, pour voir clair dans ce dossier, il faut le connaître à fond et avoir suivi l'instruction pas à pas. Nous aurions notamment demandé à la Cour de se transporter sur les lieux et nous aurions fait devant les jurés la démonstration qu'il était parfaitement possible de bloquer la porte de l'extérieur, à l'aide du lit pliant. »

« Si nous avions pu défendre Omar Raddad, nous aurions exigé qu'on établisse avec le maximum de précision la chronologie des blessures infligées à Mme Marchal [...] Nous aurions cherché à savoir pourquoi Mme Marchal effectuait de fréquents déplacements en Suisse et en Italie. On ne s'est pas demandé non plus qui, en dehors du jardinier, aurait pu avoir un mobile pour la tuer. J'ai la conviction qu'on a dès le départ focalisé sur Omar, suspect commode, et qu'on tout fait pour le "planter". »

Le lendemain du procès, la presse est unanime à éprouver un trouble. « Le doute était partout dans ce procès, écrit Patrice Bertin dans *Le Quotidien de Paris*, dans l'absence de preuves, dans l'absence d'aveux, dans l'absence de mobile autre que supposé. [...] Mal jugé, mal défendu, peut-être coupable, peut-être innocent, Omar Raddad n'a pas forcément été victime d'une erreur judiciaire. Sur ce point-là aussi, il y a doute. Mais qu'il y ait faute, faute de justice, faute de jugement est une évidence », conclut le journaliste. « Aucune preuve matérielle de la culpabilité d'Omar n'a été apportée », écrit Régine Magné dans *Sud-Ouest*. *Libération* semble gêné : après les articles du chroniqueur judiciaire, Dominique Simonnot, favorables à l'innocence d'Omar, l'éditorial qui conclut l'affaire, signé Pierre Georges, est beaucoup plus embarrassé. C'est un commentaire étonnamment prudent, légaliste, qui étonne de la part d'un journal qui avait trouvé tant de circonstances atténuantes à Thierry Paulin, le métis assassin des vieilles dames du XVIIIe arrondissement. Il est vrai qu'Omar, lui, n'organisait pas de fêtes au Palace. Sans doute ne faut-il pas trop chagriner Me Henri Leclerc, avocat du journal. *Libération* par la suite, sans faire de ce procès douteux son cheval de bataille, comme il eût été normal dans sa logique droits-de-l'homme-tiers-mondisme, reviendra cependant à plusieurs reprises sur les nombreuses erreurs du procès. Seul Pierre Bois dans *Le Figaro* s'acharne à défendre la version donnée par l'accusation. Il imagine Me Vergès mû uniquement par la passion médiatique : « Me Vergès sortit comme il le fait toujours par un éclat calculé dont il alla ensuite constater l'impact aux informations télévisées. »

Omar « mal défendu » : cette thèse sera couramment reprise. Dans *Nice-Matin*, Maurice Huleu évoque les

« erreurs stratégiques de la défense », notamment celle d'avoir laissé Omar se servir d'un interprète. Il met sévèrement en cause Me Vergès : « En évoquant le centenaire de l'affaire Dreyfus au cours de sa plaidoirie, puis pour haranguer la foule dans la salle des pas perdus du palais de justice de Nice, Me Vergès est apparu plus à l'aise comme tribun que comme avocat. Peut-être après tout n'avait-il accepté cette affaire que pour pouvoir comparer "le petit jardinier marocain" au "jeune capitaine juif" devant les caméras de la télévision. » Dans *Le Monde*, Alain Giraudo se demande : « Une énigme criminelle vient-elle d'aboutir à une erreur judiciaire ? » Dans *Le Figaro*, je publie un article sous le titre « Si j'étais criminel... », dans lequel je souligne les invraisemblances les plus flagrantes de cette affaire. J'y écris notamment ceci : « Mettons-nous un instant dans la peau de la victime à l'agonie. Est-ce que nous consacrerions nos derniers instants à inscrire le nom de notre assassin sur un mur plutôt que de garder nos dernières forces pour tenter de vivre ? »

« Comme tout cela est bien compliqué. Si j'avais été à la place d'Omar et que j'avais voulu commettre un crime crapuleux pour payer mes dettes, j'aurais employé un scénario beaucoup plus simple. Il suffisait d'aller à cinq cents mètres de là, d'assassiner une vieille héritière qui emploie un Maghrébin et d'inscrire en toutes lettres sur le lieu de mon forfait : "Rachid m'a tuer." »

Un autre avocat que Vergès aurait-il pu mieux défendre Omar ? C'est un type de faux débat que l'on ne peut lancer qu'en raison de la personnalité controversée de Me Vergès. *Le Quotidien de Paris*, à cette occasion, pose la question à plusieurs avocats. Me Varaut, qui, idéologiquement, n'apparaît pas franchement lié à l'avocat du F.L.N., n'est pas loin, me semble-t-il, de la vérité lorsqu'il évoque la sagesse inhabituelle de Vergès : « Il a abandonné pour cette affaire exceptionnelle son système de défense qu'il a lui-même théorisé et qui consiste à attaquer les juges et le procès en général, pour un système qui accepte les règles du jeu. Il a axé sa plaidoirie sur le seul point possible : le problème fondamental du doute. » Me Gilbert Collard aurait, lui, employé plus de diplomatie. Me Thierry Lévy, toujours intelligent, relève l'écueil sur lequel a butté Me Vergès : « Il n'a pas pu arrêter la machine : l'enquête qui avait été menée l'a été de manière unilatérale sur la base de convictions établies. » Quant à Me Olivier Schnerb, il prend carrément la défense de l'avocat : « Si Vergès n'a pas obtenu l'acquittement, personne n'aurait pu l'obtenir à sa place. Avec son talent, son charisme, sa science terminologique, c'est l'un des meilleurs pour la défense. »

Quant à l'hebdomadaire *Globe* qui va se lancer, une semaine plus tard, dans une vigoureuse défense d'Omar, il va illustrer l'ambiguïté de l'attitude des partisans de l'innocence d'Omar vis-à-vis de Vergès, du moins de ceux qui pensent qu'il a été condamné sans preuves. L'important dossier qu'il consacre à l'affaire, intitulé « Les dix doutes de l'affaire Omar », vise autant à démontrer les erreurs du procès qu'à mettre en pièces Me Vergès. Le condamné est innocent, mais son avocat est coupable. Pierre Bergé s'enflamme : « Cette condamnation est indigne d'une société civilisée et nous ne pouvons tolérer qu'en France, patrie des libertés, patrie des droits de l'homme, la justice soit rendue de la sorte. » Et il conclut assez drôlement : « Si Me Vergès veut savoir ce que les organisations humanitaires pensent de lui, je vais le lui dire : elles l'emmerdent. » En réalité, Pierre Bergé montre le bout de l'oreille en « évoquant le défenseur de Barbie », on règle des comptes par affaires interposées. Cela expliquera d'ailleurs plus tard l'attitude particulièrement molle des organisations antiracistes. Comment défendre Omar sans avoir à soutenir Vergès ? Terrible drame de conscience pour les humanistes !

En réalité, qu'on aime ou qu'on déteste Vergès, il semble difficile d'affirmer sans mauvaise foi qu'un autre que lui aurait pu obtenir l'acquittement d'Omar Raddad.

Le dossier sur lequel on a débattu était déjà trop bien ficelé pour que quiconque réussisse à le démonter. Il était trop tard. Ainsi un témoignage capital pour la défense, celui de Liliane Receveau, la femme de chambre, qui a affirmé que Ghislaine Marchal lui avait demandé de ne venir ni le dimanche ni le lundi en raison de son absence, alors qu'il ne s'agissait à l'évidence que d'un prétexte pour être seule et recevoir quelqu'un discrètement. Ce témoignage n'est apparu qu'au procès. Il n'y est fait aucune allusion au cours de l'enquête. C'est pourtant une précision capitale : ce témoignage ouvrait sur d'autres pistes possibles, notamment celle de la voiture sombre immatriculée en Suisse que des témoins ont aperçue, garée près de la villa. Il ouvrait aussi sur la pellicule de photos que les enquêteurs ont cru bon de détruire.

Bien sûr on ne peut pas dire que tout cela a été fait sciemment, délibérément. Ce serait mettre en cause gravement la justice, ce qui est plus condamnable encore que de commenter ses décisions. Réduit à des hypothèses, il ne faut pas s'emballer. On peut parler innocemment de pesanteurs, de routine administrative, d'un certain laisser-aller, qui existent dans beaucoup de domaines et aussi dans le système judiciaire. Peut-être y a-t-il eu une alliance objective de deux mouvements qui n'étaient pas forcément concertés.

D'abord, la routine de l'enquête de la gendarmerie que les juges d'instruction successifs n'ont peut-être pas surveillée d'assez près. C'est une dérive que beaucoup de magistrats constatent. Les juges d'instruction, privés de moyens, ont de plus en plus tendance à suivre la police plutôt qu'à la précéder. D'autre part, en face de l'augmentation de la délinquance, de crimes atroces, des liens de solidarité et de confiance tendent à se créer entre le juge d'instruction et les gendarmes : le juge n'ose pas toujours, de peur de les vexer, leur faire des remontrances sur certaines approximations ou sur certaines erreurs. C'est ainsi que les rôles se mêlent : le gendarme devient un peu juge d'instruction, le juge d'instruction devient un peu gendarme. Ne vaudrait-il pas mieux dans l'intérêt du justiciable que chacun restât à sa place ?

Ensuite, le poids de l'honorabilité de la famille du bâtonnier du Granrut. A-t-elle joué un rôle aussi positif qu'on a bien voulu le dire ? Je ne le crois pas. À force de vouloir trop dissimuler de choses délicates, on a fini par créer une ambiance de mystère. Le bâtonnier du Granrut, remarquable avocat, a-t-il voulu trop bien faire en choisissant Me Henri Leclerc ? Disons qu'il l'a choisi un peu tôt : c'était, a-t-on dit, pour éviter tout soupçon de racisme. On notera d'ailleurs la discrétion du mouvement de Jean-Marie Le Pen pourtant très actif dans la région. Mais ce choix comportait un autre risque pour le bon fonctionnement de la procédure que le bâtonnier ne pouvait pas sous-estimer : apparaître de la part de la famille comme une lourde présomption de culpabilité vis-à-vis d'Omar, seul Maghrébin mis en cause dans l'affaire. Le bâtonnier du Granrut, pour une raison que l'on comprend, souhaitait ne pas voir soupçonner l'honorabilité de sa belle-sœur. A-t-on voulu cacher quelque chose ? C'est en tout cas inutile, puisque beaucoup de choses vont réapparaître au grand jour avec une force d'autant plus grande que beaucoup croiront à une manœuvre occulte pour les dissimuler.

Au nombre de ces choses cachées, de ces personnages pudiquement oubliés (outre l'ami italien), il est difficile, vu sa personnalité exceptionnelle, de ne pas compter le beau-frère de Ghislaine Marchal, Gilbert Beaujolin.

21

LES VIES PARALLÈLES DE M. BEAUJOLIN

Qui était ce mystérieux Gilbert Beaujolin dont personne n'a évoqué le nom au cours de l'enquête ni au cours du procès d'Omar Raddad ? Pourtant un parent proche de Ghislaine Marchal puisqu'il avait épousé, en 1944, sa sœur, Christiane, à laquelle on ne demandera pas de témoigner au procès et qui d'ailleurs n'y assistera pas. Mort récemment, cet homme de petite taille avec un faux air de Toulouse-Lautrec, toujours courbé en deux en raison des séquelles des sévices qu'il avait subis en déportation, était d'abord une grande figure de la Résistance. Trésorier du fameux réseau Alliance, cette Arche de Noé créée par le commandant Loustaunau-Lacau dont chaque membre portait le nom d'un animal, les chefs s'appelaient Aigle ou Éléphant, mais il y avait aussi Épagneul, Taureau, Loup, Criquet, Abeille, Coccinelle, etc. ; Beaujolin, lui, sera Caïman.

À la Libération, Beaujolin va mener des vies parallèles, si l'on peut dire en parlant d'un homme qui a contracté dans la Résistance le goût des services secrets. Il gardera comme son ami Roger Barberot des relations dans le renseignement. Il aime les activités occultes. Ainsi on le dira lié aux personnalités qui financent les partis politiques sous la IVe et la Ve République. Il s'est également lancé dans les affaires. Ces affaires placées sous le signe de l'import-export feront parfois jaser. De méchantes langues diront, et même écriront, que l'import-export est une excellente activité pour mener d'autres activités justement parallèles. Foccart a également eu des affaires liées à l'import-export.

Ces activités vont conduire Gilbert Beaujolin à être, en une vingtaine d'années, à la tête d'un véritable empire de sociétés diverses. Il y a de l'officiel et de l'officieux. Lorsque Foccart reprend du service, le général de Gaulle lui demande de renoncer à ses affaires privées. On dira souvent alors que c'est à Gilbert Beaujolin qu'elles vont échoir. Les deux hommes démentiront ces informations. En tout cas la période gaulliste va être florissante. Ce gaulliste de gauche est un ami de Bourgès-Maunoury, de Pierre de Bénouville, d'Edgar Faure, qui est lui un ami de la famille — Claude du Granrut sera attachée à son cabinet — et de Joannes Ambre, le grand résistant lyonnais qui sera l'avocat de quelques membres du milieu local ainsi que de l'inspecteur Javilley. Beaujolin va jouer un grand rôle difficilement appréciable en Afrique, où il a noué un grand nombre de relations commerciales les plus diverses, ainsi qu'à La Havane où il a connu le dictateur Battista. Il n'a pas toujours eu de chance dans ses fréquentations : il sera cité lors du scandale qui éclabousse Philippe Dechartre, autre gaulliste de gauche, à propos de mésaventures immobilières à l'île de Ré dans l'affaire du CADIR. Son nom sera également cité comme ami de l'affairiste Lipsky et de Walter Huc.

Gilbert Beaujolin aurait peu défrayé la chronique sans les règlements de comptes qui vont sévir au moment de l'arrivée de Georges Pompidou au pouvoir. Le général Billotte proposera alors au Président une réforme du

S.D.E.C.E. qui sera refusée ainsi d'ailleurs que la candidature d'un éternel candidat à ce poste, Roger Barberot, grand ami de Beaujolin. À la faveur de cette mise au pas des services secrets, on va faire un toilettage qui n'a pas été fait au moment des affaires Ben Barka et Marcovic. C'est *Le Figaro* qui va soudain en 1971 projeter Beaujolin en pleine lumière. Il publie la liste de toutes ses activités dans « l'import-export » à l'occasion de l'arrestation d'un agent secret, Roger Delouette, qui arrondissait ses fins de mois en faisant le trafic de la drogue. Comment le très prudent quotidien du Rond-Point des Champs-Élysées a-t-il pu publier pareil brûlot mettant en cause une personnalité honorable ? Comme l'a écrit alors un journaliste, « comment cette fiche de police a-t-elle pu tomber dans la boîte à lettres du pacifique Louis-Gabriel Robinet ? » Le directeur du *Figaro* de cette époque, un homme charmant, d'une exquise urbanité, n'avait pas publié ce texte non signé sans quelques précautions.

Cette pleine page qui allait réveiller en fanfare les lecteurs du *Figaro*, que disait-elle ?

Elle suggérait tout simplement sous un titre très pudique, « Quels règlements de comptes politiques derrière la lutte des clans dans les services secrets ? », que des liens étroits existaient entre l'agent secret — trafiquant de drogue, Roger Delouette, que l'on venait d'arrêter aux États-Unis —, Roger Barberot et son ami Gilbert Beaujolin. *Le Figaro* dressait la liste in extenso des sociétés présidées ou contrôlées par Gilbert Beaujolin. Impossible de les citer toutes. Cela commençait par les officielles, notamment la société Beaujolin et Cie, la société S.E.A (Société d'Équipement pour l'Afrique), la société MARMAIR, spécialisée dans la vente de produits chimiques, la société Depagri, etc. L'article, très bien informé, précisait : « La société MARMAIR, qui fait partie du groupe Beaujolin, est officiellement agréée auprès du ministère de la Défense nationale pour toutes opérations de fourniture d'armement et d'explosifs divers et a traité au cours des dernières années avec différents gouvernements étrangers acquéreurs d'armement français [...] La société d'équipement pour l'Afrique (S.E.A.) spécialisée à travers ses onze branches dans l'importation de matériels et de biens d'équipement en Afrique noire francophone. Entre autres " Mercedes Afrique ", président-directeur général : Gilbert Beaujolin. » Et *Le Figaro* ajoutait avec quelque perfidie : « Il est intéressant de noter que parmi les affaires de M. Beaujolin figurent la Société d'Équipement pour l'Afrique et la représentation de Mercedes en Afrique noire, activités qui semblent avoir été proches de celles de M. Jacques Foccart avant 1958. » Notons à notre tour que le neveu de Gilbert Beaujolin, Christian Veilleux, fils de Ghislaine Marchal, travaillera également avec l'aide de son oncle dans cette société Mercedes.

Enfin, notait *Le Figaro* : « Il est certain que MM. Barberot et Beaujolin ne sont pas des étrangers l'un pour l'autre et que leur collaboration a été souvent étroite puisque M. Beaujolin est conseiller technique du B.D.P.A. (Bureau de Développement Pour l'Afrique) que dirige M. Barberot. » Et, après avoir publié dans le même numéro un démenti de M. Jacques Foccart : « J'oppose le démenti le plus formel aux rumeurs selon lesquelles j'aurais confié la gestion des mes affaires à M. Beaujolin », le quotidien concluait en faisant montre d'un certain scepticisme : « Si M. Foccart n'a eu aucun contact récent avec M. Beaujolin, il est étrange que l'on puisse tenter de viser le premier à travers le second, même si la mystérieuse affaire Fournier-Delouette est de plus en plus présentée comme une campagne très bien orchestrée, comme l'ultime épisode de deux faits divers sordides de la politique française : les affaires Ben Barka et Marcovic. »

Une semaine plus tard, le 30 novembre 1971, *Le Figaro* récidivait en publiant un droit de réponse de M. Beaujolin, mais assorti avec un peu de malignité d'une tribune « Opinion » explosive de Jacques Dauer. M. Beaujolin déclarait notamment : « Depuis la fin de la guerre, je n'ai jamais directement ou indirectement fait partie de services secrets ou d'un quelconque réseau parallèle et toute allusion dans ce sens, si l'on est de bonne foi, relève de l'erreur la plus totale ou, si on la maintient, de la calomnie la plus délibérée. » Pourquoi en effet ne pas croire M. Beaujolin dont l'indignation paraît sincère ! Mais alors, qui était visé par l'« Opinion » de Jacques Dauer qui lui écrivait : « Les militants de l'Union travailliste doivent se féliciter de n'avoir pas fusionné comme on les y poussait avec les soi-disant "gaullistes de gauche", qui sont quotidiennement cités dans la presse, en rapport avec les "affaires" véritablement tous azimuts. Car les affairistes se nourrissent de toutes les complaisances et se servent de toutes les troupes auxiliaires : députés-maison que se sont offerts certaines grandes sociétés ; gens pour qui la spéculation foncière et l'immobilier sont devenus la source de profits illimités ; outre ceux qui participent à l'opération "main basse sur l'Afrique", qui consiste à vendre (comme neuves), aux pays sous-développés, des installations industrielles — notamment textiles — dont les patrons français se débarrassent à vil prix. »

Parce qu'on ne prête qu'aux riches, on parlera, beaucoup plus tard, d'une rencontre à l'Élysée entre Guy Penne, conseiller de François Mitterrand avec Gilbert

Beaujolin et son ami Joannes Ambre. Il s'agissait de renouer des liens avec les régimes africains, notamment le Gabon, liens distendus après la politique menée par Jean-Pierre Cot.

M. Beaujolin était certainement un grand résistant et un homme tout à fait honorable. Ceux qui l'ont connu disent que c'était un personnage sympathique et chaleureux. Mais par ses sociétés de vente d'armement et par certaines de ses amitiés, notamment celle qui l'attachait à Roger Barberot, il était en contact avec des gens qui représentaient un certain risque. Dans les arcanes de son action se profilait peut-être cette raison d'État que l'on évoque si souvent à propos des ventes d'armes, et de beaucoup d'affaires délicates, pas toujours de tout repos. Si proche qu'il fût de Ghislaine Marchal, ses activités n'ont sans doute eu aucun rapport avec le meurtre de sa belle-sœur. Mais des enquêteurs et des juges d'instruction scrupuleux, voire indiscrets — on ne l'est jamais trop en matière de justice —, auraient pu cependant pousser aussi leurs investigations dans la direction de cette mystérieuse nébuleuse. C'était évidemment plus complexe et moins confortable que de mettre sur écoute les notabilités de Mougins qui avaient formé « un complot » pour innocenter Omar Raddad.

22

REMOUS DANS L'*ESTABLISHMENT* JUDICIAIRE

Les déclarations volontairement provocatrices de Me Vergès ne vont pas demeurer sans réaction. Fait exceptionnel, le président de la cour d'assises de Nice, le président Djian, lit, le 4 février, un communiqué au cours d'une audience, dans lequel il proteste longuement « contre les propos, aussi graves que déplacés et inconsidérés, qui ont été prononcés récemment sur le seuil du palais de justice et ont été diffusés au-delà et qui ont eu pour objet d'offenser gravement et de tenter de déconsidérer les magistrats et les jurés populaires », propos qui sont, selon lui, passibles de l'article 226 du Code pénal. Le procureur de la République de Nice, Paul-Louis Auméras, fait savoir le même jour qu'il a informé sa hiérarchie de son intention d'engager des poursuites pénales contre l'avocat pour ses propos tenus après l'audience le 2 février. M. Auméras se fonde sur l'article 226 du Code pénal punissant de un à six mois d'emprisonnement et de 500 à 30 000 francs d'amende « quiconque aura publiquement cherché à jeter le discrédit sur un acte ou une décision juridictionnelle dans des conditions de nature à porter atteinte à l'autorité et à l'indépendance de la justice ». M. Auméras, qui estime que « Me Vergès s'essuie les pieds sur la robe des magistrats », souhaite qu'« il y ait également des poursuites disciplinaires engagées par son Conseil de l'Ordre ». Il commente sa déclaration devant un journaliste du *Monde* : « La fin d'un procès d'assises entraîne parfois des excès de langage que les intéressés regrettent après coup et qu'il n'est pas d'usage de poursuivre. Mais dans le cas présent, il s'agit de propos délibérés, j'oserais presque dire prémédités, qui ont un caractère infamant et intolérable. Il y va de la crédibilité de la justice rendue dans ce pays. Le Parquet de Nice se doit de défendre les jurés qui ont assuré une lourde responsabilité et ne sauraient être impunément traités de racistes. »

Cette « défense des jurés » peut faire sourire si on pense que cette déclaration intervient quelques jours avant les confessions de deux d'entre eux dans *V.S.D.* qui, comme nous l'avons dit, mettent en cause la façon dont s'étaient déroulées les délibérations.

Me Vergès, qui sans doute n'ignore pas cette réaction des jurés, fait une première réponse pleine d'insolence au magistrat : « Je suis fier de m'inscrire dans la lignée de Voltaire et de Zola. Ce procès est un scandale. Si Omar s'appelait Dupont, il n'aurait pas été condamné de cette manière. Si le procureur de la République veut un débat public, qu'il me poursuive ! » L'avocat va enfoncer le clou beaucoup plus fort pour contraindre le Parquet à ne pas se dérober et à le poursuivre. Il écrit dans *V.S.D.* un article qui le manifeste clairement puisqu'il se termine ainsi : « Poursuivez-moi, Monsieur le procureur. Je le veux, et le plus vite possible, car ce jour-là, ne risquant la prison et l'amende que pour moi seul, je serais beaucoup plus libre de dénoncer un procès qui ne fut qu'une infamie. » Dans son article, Me Vergès rappelle les principales « erreurs » de l'instruction : absence de recherches d'empreintes sur le chevron et sur les inscriptions sanglantes, destruction de la pellicule photographique et enfin absence d'investigations sur « un jeune homme blond, à bord d'une voiture immatriculée en Suisse, qui a sonné au portail de la villa ».

Le 15 février, l'information contre Me Vergès est ouverte et l'on confie à M. Joël Espel, juge du tribunal de grande instance de Nice, le soin d'instruire cette affaire. Le procureur de la République indique en outre que des poursuites seront engagées pour violation du secret des délibérations par des jurés.

Me Vergès jubile. « Je suis très heureux de ces poursuites, car c'est pour moi l'occasion de faire le procès du procès », dit-il au *Quotidien de Paris*.

Le verdict qui condamne Omar ne provoque pas seulement des réactions de la part des magistrats de Nice. Dès le 5 février, dix-huit avocats, estimant qu'Omar Raddad a été condamné « sans charge suffisante », signent une déclaration dans laquelle ils réclament un nouveau procès : « Aucun homme épris d'humanité ne peut en conscience tolérer qu'un accusé puisse être condamné lorsque le moindre doute subsiste. Nous ne disons pas aujourd'hui qu'Omar Raddad est innocent, mais simplement qu'il a été condamné sans charge suffisante [...] Chaque citoyen peut être demain injustement soupçonné, voir sa vie voler en éclats et devoir son salut au respect de la présomption d'innocence. La justice ne sera rendue qu'au terme d'un nouveau procès, entouré de garanties que la France des droits de l'homme doit au plus petit d'entre les siens. » Cette déclaration est signée par Mes Alexis Mourre, Thierry Lévy, Yann Galut, Patrick Maisonneuve, Lef Forster, Francis Terquem, Michel Konitz, Morad Falek, Gilles-Jean Portejoie, Antoine Comte, Hervé Temine, Gérard Boulanger, Thierry Fagart, Catherine Paul-Reynaud,

Pierre-Olivier Sur, Jean-Jacques de Felice, Irène Terrel, et Dominique Tricaud. Deux pétitions circulent : l'une à *Globe-Hebdo*, l'autre au cabinet de Me Vergès. Des écrivains, des intellectuels demandent qu'Omar soit rejugé.

L'Union Syndicale des Magistrats s'indigne aussitôt de la déclaration des avocats. Dans un communiqué elle stigmatise « une petite minorité d'avocats politisés et avides de publicité qui préfèrent désormais participer à une campagne de dénigrement systématique de la justice plutôt que de défendre efficacement leurs clients dans les salles d'audience ». L'U.S.M. dénonce également « les accusations de racisme ouvertement formulées contre la cour d'assises des Alpes-Maritimes », qui visent « à jeter le discrédit sur la décision prise par un jury populaire et constituant des propos injurieux à l'égard des jurés, des magistrats, de la partie civile et de ses conseils ».

Le Syndicat de la Magistrature, rival de l'U.S.M., prend, lui, position sur le fond : la réforme des assises. « Les cours d'assises prononcent chaque jour de très lourdes condamnations sans la moindre motivation et sans possibilité de recours sur le fond. » Ce thème va ouvrir une polémique dont les journaux se feront l'écho : faut-il ou non réformer les cours d'assises en y introduisant une juridiction d'appel ?

Dans *Le Quotidien de Paris*, Sandrine Briclot, sous le titre « Les assises en question », relance le débat. Jacques Duquesne, dans *La Croix*, sous le titre « La justice accusée » en profite pour critiquer la position de M. Méhaignerie : « La justice est rendue au nom du peuple français, comme vient de le rappeler M. Méhaignerie, mais ce peuple français n'a pas le droit de savoir pourquoi et comment. » Et il conclut : « Pour s'opposer à une réforme, notre actuel ministre se borne à se retrancher derrière “la tradition”. On a rarement avancé plus médiocre argument pour justifier de ne rien faire. » M. Maurice Peyrot, auteur d'un ouvrage sur les cours d'assises, reprend dans *Le Monde* les mêmes arguments en faveur d'une juridiction d'appel. Enfin la Ligue des Droits de l'Homme sort de son silence : après avoir constaté que « la condamnation d'Omar Raddad pose une fois de plus le problème du fonctionnement de cette justice », elle observe que « certaine décisions, aussi bien des acquittements que des condamnations, donnent le sentiment d'avoir été rendues sans qu'aient été respectés les principes essentiels d'une justice impartiale garantissant les droits de toutes les parties au procès ».

Me Thierry Lévy dans *Libération* publie une tribune libre sous le titre « Danger, cour d'assises ! » tandis que M. Xavier Versini, ancien président de la cour d'assises de Paris, publie dans *Le Figaro* un texte intitulé « Contre l'appel des décisions des cours d'assises », dans lequel il écrit : « Dès qu'une condamnation — récemment celle d'Omar Raddad — ne rencontre pas l'adhésion d'une de ces coteries qui prétendent, à Paris, faire l'opinion, la question est agitée. » M. Versini se montre cependant favorable à un perfectionnement de la composition du jury qui éviterait que l'on fît appel comme juré à « l'idiot du village », au « clochard », et plus largement à « ceux qui sont incapables de s'élever à la hauteur d'une idée générale ». Enfin *Le Nouvel Observateur* publie un dossier intitulé « Pour en finir avec l'erreur judiciaire », qui évoque la question au fond.

En fait, on rouvre un vieux débat. Un débat qui dure depuis la création des cours d'assises en 1791, et qui curieusement a le plus souvent échappé à la représentation nationale. Deux des décisions les plus importantes ont été prises par décret et successivement par le gouvernement de Vichy, puis par celui de De Gaulle. Dans les deux cas, on s'est bien gardé de soumettre le texte au Parlement. Ces deux réformes apparaissent d'ailleurs comme une reprise en main des jurés populaires par les magistrats, ce que l'on appelle l'échevinage. Jusqu'en 1941, les jurés étaient au nombre de douze, ce qui leur assurait en face des trois magistrats une grande liberté de décision. Le gouvernement de Vichy fait passer leur nombre à six et ajoute une autre modification : la loi de 1932 précisait que les jurés délibéreraient seuls sur l'innocence ou la culpabilité de l'accusé ainsi que sur les circonstances atténuantes, mais que désormais ils délibéreraient avec la Cour sur la qualification du fait retenu. Avec Vichy, la Cour et les jurés discutent ensemble de tous les problèmes : culpabilité ou innocence, circonstances atténuantes, hauteur de la condamnation. Commentant ce texte, M. Maurice Patin, président de la chambre criminelle et de la cour de cassation, et qui a contribué à sa « réforme » à la Libération, se fait l'avocat du texte de Vichy. Il cite dans ce but le professeur Vouin : « Ce serait nier l'histoire et fuir la question que d'imputer à la réforme de 1941 une inspiration vichyssoise. Elle avait déjà été proposée dès avant la guerre par la Commission Matter et approuvée par de grands criminalistes libéraux tels que MM. Donnedieu de Vabres et L. Huguenet. » Donc « pas d'inspiration vichyssoise ». Tout à leur démonstration, il y a un détail qu'oublient ces éminents professeurs : c'est l'article 281 de la même ordonnance : « Nul ne peut remplir les fonctions de juré, à peine de nullité des déclarations de culpabilité auxquelles il aurait encouru, s'il ne possède la nationalité française, comme étant né de père français, s'il est juif, s'il a été officier ou dignitaire d'une société secrète dissoute. »

Le président Maurice Patin poursuit en évoquant le sens général des propos que lui a tenus le professeur Donnedieu de Vabres, inspirateur de la réforme de 1945 : « Cette loi de 1941, me dit-il, il faut la sauver tant qu'il en est temps encore, c'est-à-dire tant que le gouvernement dispose du pouvoir législatif. Quand le Parlement sera réuni, il sera trop tard. Les adversaires de la réforme la feront abroger en invoquant son origine vichyssoise [...] La loi de 1941 a su unir l'aveugle (les jurés) au paralytique (les magistrats). Ne dissocions pas cet organisme bicéphale, qui, par le fait de cette association, aujourd'hui voit juste et marche droit. » C'est ainsi que M. Patin soumit à M. de Menthon, qui l'adopta et le fit approuver par le gouvernement, le projet qui devait devenir l'ordonnance du 20 avril 1945. Les jurés se retrouvaient sept au lieu de six. Aujourd'hui les cours d'assises comprennent neuf jurés et trois magistrats.

Plusieurs propositions de loi ont tenté de pallier les inconvénients de ce texte, notamment une de M. Michel Crépeau en 1979. La Commission Leauté a travaillé dans le sens de ces propositions en s'efforçant d'ajouter une juridiction d'appel. En vain. En 1992, Jacques Toubon (R.P.R.) et Michel Pezet (socialiste) s'étaient associés pour déposer un amendement susceptible d'introduire une procédure d'appel aux assises à propos de la discussion sur le code de procédure pénale. « Prématuré », avait déclaré M. Michel Vauzelles, garde des Sceaux. Quant à Pierre Méhaignerie, il déclarera en 1994 devant les élèves de l'école de la magistrature à Bordeaux que le débat sur une éventuelle réforme de la cour d'assises a été « tranché depuis longtemps ».

Pour égayer un peu cette question austère, citons une de nos vieilles connaissances qui s'est engagée à fond dans cette réforme des cours d'assises : Me Henri Leclerc. Dans *La Croix* en 1990, le vice-président de la Ligue des Droits de l'Homme estimait que la principale cause d'erreurs aux assises, notamment les disparités dans les condamnations, était due à « l'influence excessive du président ». On pouvait lire également d'autres propos devenus savoureux à l'éclairage du procès d'Omar : « À Aix, il y a deux présidents, une dame et un monsieur les différences sont assez considérables [...] Il faudrait modifier la procédure qui fait que, lorsqu'un accusé arrive aux assises, il est déjà quasiment coupable. Actuellement, c'est le président qui, d'une certaine façon, apporte les preuves, parce qu'il a le dossier d'instruction. Il faut qu'il retrouve un rôle d'arbitre. »

Il y a vraiment deux hommes en Me Leclerc. Espérons qu'ils se retrouveront un jour !

23

LA CASSATION DANS L'INTÉRÊT DE LA LOI

Un sondage de *Globe-Hebdo*-Louis Harris indiquait que 64 % des Français étaient favorables à un nouveau jugement pour Omar Raddad. Me Vergès a introduit un pourvoi en cassation au nom d'Omar. Un avocat a été désigné, Me Didier Bouthors. Entre-temps, Omar a déconstitué Me Vergès pour reconstituer son ancien avocat, Me Baudoux, qui apparaissait cette fois en compagnie de Me Lombard. Me Lombard arrivait dans cette affaire à la demande du prince Moulay Hicham, neveu du roi du Maroc. Puis Omar a reconstitué à nouveau Me Vergès. C'est là le résultat des pressions qui se sont exercées sur Omar de manière contradictoire de la part de sa femme et de son père.

Le procès a-t-il une chance de plus ou de moins d'être cassé ? Vergès, comme on le suggère, représente-t-il pour les juges de la cour de cassation un obstacle ? Qui peut le dire ? Omar peut-il également bénéficier d'une procédure de révision en raison de faits nouveaux ? Y en a-t-il ? Cependant il existe un cas, celui de Jean-Marie Devaux, où la cour de cassation a employé une formule exceptionnelle à la suite d'un « pourvoi dans l'intérêt de la loi ». Cet intérêt de la loi pourrait se justifier pour faire rejuger Omar Raddad.

Les faits nouveaux ! Peut-on invoquer diverses erreurs de procédure comme la destruction des pellicules photographiques, l'incinération du corps de Mme Marchal avant même la rédaction du rapport d'autopsie dont tous les médecins légistes disent que c'est une décision non seulement inhabituelle, mais « impensable ». Enfin cette incinération, on n'a pas apporté la preuve que Ghislaine Marchal l'ait souhaitée. Une de ses amies pense même qu'on a agi en contradiction avec ses intentions : « Jean-Pierre et Ghislaine Marchal souhaitaient être inhumés ensemble au cimetière de Mougins. Ils avaient même acheté une concession à perpétuité. Ghislaine, après sa séparation, pensait plutôt au présent qu'à l'éventualité de sa mort. Elle n'a cependant jamais manifesté devant moi le désir d'être incinérée. »

Pourquoi aucun constat n'a-t-il été effectué par les gendarmes sur les objets dérobés après le crime à La Chamade ? Un témoin important, Liliane Receveau, la femme de ménage, affirme que des appareils de vidéo et des objets en étain avaient disparu. Il était évidemment difficile à Omar Raddad de les emporter sur son vélomoteur. Pourquoi une vérification aussi capitale n'a-t-elle pas été faite ?

Enfin la défection de deux jurés. Il serait intéressant de savoir dans quelles conditions ces deux jurés se sont démis au cours du procès, surtout après les déclarations à *V.S.D.* de deux autres jurés estimant avoir été victimes de pressions. Espérons que le juge d'instruction chargé de cette nouvelle affaire, M. Espel, nous éclairera un jour complètement sur cette épineuse affaire.

Reste ce qu'on a dissimulé aux jurés, aux avocats, à l'opinion : d'abord l'existence d'un parent très proche, un beau-frère, M. Gilbert Beaujolin. Ce nom, personne ne l'a entendu, ni au cours de l'instruction ni pendant le procès. Les avocats qui ont suivi de près le dossier ignorent jusqu'à son existence. Comme si on ne voulait pas qu'il eût existé. Pourquoi ? N'eût-il pas été normal de demander à la sœur de la victime, Christiane, mariée avec M. Beaujolin, ou à M. Beaujolin lui-même, des lettres qui auraient pu confirmer que Ghislaine Marchal faisait la faute d'orthographe élémentaire qui a tant étonné. C'était pourtant facile. La seule faute d'orthographe de Mme Marchal dont on a pu apporter la preuve, c'est le mot « terrasse » avec un seul R. On a considéré comme fautif de sa part d'avoir écrit à ses employés de maison « arroser le jardin » ou « repasser le linge ».

On a dissimulé tout le contexte financier et bancaire de la victime : ce qui avait trait à sa fortune, à l'argent qu'elle pouvait détenir à l'étranger, aux difficultés financières que connaissait, dit-on, son fils. Pourquoi le dire ? Mais pourquoi ne pas le dire ? Dans ces domaines, moins on fait de mystère et plus la justice y gagne. Car il paraît impensable d'avoir camouflé la situation bancaire de la victime, ne serait-ce que parce qu'elle aurait pu éventuellement ouvrir sur d'éventuelles pistes à explorer, notamment en Suisse. Certes la famille ne semble pas l'avoir souhaité.

Ces demandes de révision doivent être aussi considérées dans le contexte de l'opinion publique, qui a été troublée par la condamnation du jardinier marocain. On pouvait s'attendre à des déclarations enflammées. Personne, pas même les membres du Front national, n'a crié à la culpabilité d'Omar. En revanche, toutes les associations antiracistes sont sur le qui-vive. Elles n'ont pas réagi après le verdict pour ne pas faire chorus avec Me Vergès avec lequel elles sont depuis l'affaire Barbie en désaccord.

Au M.R.A.P., le secrétaire général, M. Aounit, estime que « s'il est exact que des jurés au cours des délibérations se sont déclarés experts d'une supposée mentalité maghrébine, si ces éléments étaient vérifiés, le mouvement s'associera à tous ceux qui réclament la révision du procès ».

Mais ces associations et pas seulement elles, les Maghrébins de France qui ont compris qu'il s'agissait d'un procès exemplaire, attendent de la justice une réponse. Qu'on le veuille ou non, l'affaire Omar Raddad intéresse tout le monde et particulièrement ceux qui se préoccupent du fonctionnement de la justice.

24

CE QUI ME TROUBLE

« Certes, je ne me persuade pas que la société puisse se passer de tribunaux et de juges ; mais à quel point la justice humaine est chose douloureuse et précaire, c'est ce que, douze jours durant, j'ai pu sentir jusqu'à l'angoisse », écrit André Gide dans *Souvenirs de la Cour d'Assises*. Quelle enquête, quel procès peuvent répondre à notre exigence de vérité ? Des zones d'ombre subsistent toujours, même lorsque l'accusé a avoué, que l'arme du crime a été retrouvée, que les empreintes ont elles aussi parlé. Ces zones d'ombre tiennent à ce mystère qui entoure le mal. Comment un homme a-t-il pu franchir cette limite de la haine au crime ?

Dans le cas d'Omar Raddad, le mystère est total. Pas d'aveux, pas d'arme du crime, pas d'empreintes, des mobiles construits de toutes pièces qui ne tiennent pas devant une critique sérieuse. La seule chose tangible dans cette affaire, c'est la condamnation d'Omar à dix-huit ans de réclusion criminelle. Quand on observe d'un peu près la vie de Ghislaine Marchal, on s'aperçoit vite que s'il y a un certain nombre de personnes susceptibles d'avoir eu un intérêt à la tuer, il n'y en a qu'une qui certainement n'en avait aucun : c'est Omar. Elle l'employait, accordait les avances sur son salaire qu'il lui demandait ; enfin cette femme, hautaine et autoritaire avec ses amis, avec son fils, avec ses relations, ne se comportait peut-être pas avec bonté mais avec une très grande bienveillance vis-à-vis de lui. Pourquoi l'aurait-il tuée ?

Omar est un inconnu des services de police. Les gendarmes eux-mêmes reconnaîtront que c'est un doux, un homme pacifique. Personne ne l'a jamais vu se servir d'une arme blanche, il n'avait jamais de couteau sur lui. En outre après un grave accident, un an auparavant, pour lequel il avait été hospitalisé plusieurs mois, il avait perdu en partie l'usage de son bras droit. C'est un homme plutôt frêle, Ghislaine Marchal était une femme vigoureuse.

Et le meurtre ! Il faut avoir vu le cadavre et lu le rapport d'autopsie pour comprendre la sauvagerie avec laquelle il a été perpétré. Ghislaine Marchal allongée sur le sol, son peignoir à damiers noirs relevé jusqu'aux reins, a reçu plus de dix coups de poignard, dont certains ne visaient pas à la tuer mais à la faire souffrir. Elle a été ou torturée par quelqu'un qui cherchait à lui extorquer un renseignement ou attaquée par un sadique. Ce n'est pas là le crime que l'on commet dans la colère parce que l'on vous a refusé une somme d'argent.

Aucun des proches de Ghislaine Marchal, ni ses voisins qui étaient aussi souvent ses amis, n'ont cru un seul instant à la culpabilité d'Omar. Or ces proches on les a suspectés, mis sur écoute, gardés à vue. Pourquoi ? Seule la famille de Ghislaine Marchal a été dès l'origine, avant même le rapport d'autopsie et les conclusions des experts, convaincue de la culpabilité d'Omar. Il ne nous appartient pas d'entrer dans ses raisons. En revanche, on peut s'étonner que cette famille n'ait pas désiré que l'on s'intéressât à d'autres pistes possibles. Dès le 7 juillet —

le crime avait eu lieu le 23 juin —, l'avocat qu'elle avait constitué partie civile, Me Henri Leclerc, demandait le dossier. Le choix du vice-président de la Ligue des Droits de l'Homme manifestait déjà de la part de la famille, comme nous l'avons vu, une présomption de culpabilité vis-à-vis d'Omar. Et cette partie civile tout au long de l'instruction que fera-t-elle pour aider à l'établissement de la vérité comme c'est son devoir ? Elle ne fera que chercher inlassablement à recentrer les présomptions sur Omar. Elle ne demandera aucune investigation en dehors de celles qui peuvent renforcer la culpabilité éventuelle de l'inculpé. Cette partie civile sera traitée avec beaucoup d'égards par les juges d'instruction, au point qu'elle aura droit en priorité à des résultats d'expertises. Ce qui provoquera la juste indignation des avocats. C'est ainsi que Me Girard, le 2 août 1991, se voit contraint d'écrire au juge d'instruction une lettre dans laquelle il manifeste son étonnement : « Je dois à l'obligeante confraternité de mon confrère, Me Leclerc, d'apprendre le résultat de l'expertise en écriture dont les " conclusions " viennent singulièrement renforcer les indices qui pèsent sur Omar Raddad. » Et l'avocat demande à être autorisé lui aussi à prendre connaissance de ce rapport.

Les raisons d'une famille que l'on peut croire volontiers attristée par la mort d'une parente sont parfaitement compréhensibles. Mais ces raisons doivent-elles tout au long d'une enquête et d'un procès l'emporter sur toute autre considération ? Doivent-elles peser d'un tel poids ?

Cette enquête, cette instruction, ce procès, comment les définir, quand on les a longuement et minutieusement étudiés, autrement que par un mot : gâchis. Cette multiplication de procès-verbaux, d'écoutes téléphoniques sans rime ni raison, ce luxe d'auditions de tous les corps de métier qui ont participé à l'aménagement de la cave, cet hélicoptère Alouette affrété pour prendre des photos aériennes de la propriété. En revanche aucune commission rogatoire en Suisse pour établir l'état des comptes qu'y possédait peut-être Ghislaine Marchal, pas plus que l'on n'a cherché à savoir qui était sa « relation sentimentale avec un ami italien possédant un bateau », dont a fait état devant les gendarmes son amie Gisèle Konrad. Enfin à aucun moment, ni pendant l'enquête ni au procès, on n'a songé à interroger la famille de son mari, Jean-Pierre Marchal, d'où lui venait sa fortune. Pourquoi ? Tant de questions éludées qu'on a laissées bizarrement sans réponse provoquent un malaise.

Pourquoi avoir écrit ce livre ? Si j'ai du goût, comme chacun, pour les faits divers lorsqu'ils illustrent des passions humaines et leurs conflits, ou lorsqu'ils révèlent des mentalités et certains aspects de la société, cet intérêt n'a jamais excédé les limites d'un article. Je n'aurais jamais imaginé que je passerais un jour tant de nuits blanches à essayer de reconstituer une affaire judiciaire. Si je l'ai fait, ce n'est pas pour remuer de la boue autour d'une famille déjà suffisamment éprouvée, ni autour d'une victime tuée dans des conditions atroces et pour laquelle je n'éprouve que de la compassion. Mais cette compassion, je la ressens aussi pour un homme que je crois injustement condamné. Quand j'ai commencé cette enquête, je n'avais qu'une intuition de l'innocence d'Omar. Aujourd'hui, après avoir minutieusement recoupé les auditions des témoins, vu ou interrogé les principaux protagonistes de cette affaire, j'en suis convaincu. Et même s'il ne partage pas cette conviction, tout lecteur de bonne foi doit reconnaître, après avoir examiné le dossier que je lui ai soumis, que la culpabilité d'Omar est loin d'être établie. Je ne défends pas Omar Raddad envers et contre tous. Je le défends seulement parce qu'il appartient à cette catégorie d'êtres démunis devant la justice, qui peuvent être français ou étrangers, mais qui sont socialement mal armés pour apporter la preuve de leur innocence. Cette conviction, je suis prêt à l'abandonner le jour où l'on m'apportera une preuve de sa culpabilité. En attendant, tout ce que j'ai vu dans ce dossier, c'est un innocent à partir duquel, pour des raisons qui ne m'échappent qu'à moitié, on s'est efforcé de construire un coupable.

TABLE

1. La journée ordinaire d'un Marocain ordinaire 9
2. La fête de l'Aïd-el-Kébir 15
3. Une veuve riche et secrète 21
4. Les gendarmes s'affairent 28
5. Ça ne tient pas debout 34
6. Vagues de fond 41
7. Me Leclerc induit le grand non-dit : le racisme 48
8. Le scénario des gendarmes 54
9. Omar face aux incertitudes des experts 60
10. Les certitudes convergentes des enquêteurs, des magistrats, et de Me Leclerc 65
11. L'enquête s'enlise jusqu'au procès.................. 72
12. Vergès : le condottiere des causes révolutionnaires 78
13. Comment se présente le procès..................... 84

14. « Je m'appelle Omar Raddad et j'étais jardinier » 89
15. Le président Djian dans ses œuvres 96
16. La porte, le lit, le chevron 105
17. Le réquisitoire du major Cenci 115
18. Les portes qui accusent 121
19. Vergès plaide en connivence 127
20. « Une nouvelle affaire Dreyfus » 134
21. Les vies parallèles de M. Beaujolin 142
22. Remous dans l'*Establishment* judiciaire 148
23. La cassation dans l'intérêt de la loi 156
24. Ce qui me trouble 160

PAO éditions.
Achevé d'imprimer sur presse CAMERON
dans les ateliers de la S.E.P.C.
à Saint-Amand-Montrond (Cher)
en mars 1994

N° d'édition : 200. N° d'impression : 813.
Dépôt légal : mars 1994

Imprimé en France